韵律语法研究

Studies in Prosodic Grammar

第二辑

Volume 2

2017年第2期（No.2 2017）

主编　冯胜利

北京语言大学出版社
BEIJING LANGUAGE AND CULTURE
UNIVERSITY PRESS

目　录

论元结构、词义分解和轻动词句法 …… 黄正德 1

“声母参重”的语音及音系理据
——兼论汉语介音能否参重 …… 谢丰帆 32

韵律制约的被动句复指代词 …… 唐文珊 52

三音节式重叠结构的句法语义及韵律形态 …… 黄新骏蓉 81

A Prosodic Analysis of Adjective Reduplication in Ningbo Chinese …… Ge Haoyan 104

《汉语的韵律形态》述评 …… 庄会彬 119

材料与观点

“把”字句双音节动词挂单与 Stress-XP …… 马宝鹏 127

第四届韵律语法研究国际研讨会发言者与题目 …… 134

CONTENTS

Argument Structure, Lexical Decomposition, and Light Verb Syntax
······ Huang, C.-T. James 1

A Critical Review of Recent Approaches to Onset Weight
—With Special Reference to the "Medial" (Onglides) in Chinese
······ Hsieh, Feng-fan 32

Prosodically Constrained Resumptive Pronouns in Long Passives
······ Tong Manshan 52

On Syntax-Semantics Interface and Prosodic Morphology
of Chinese Trisyllabic Reduplication ······ Huang Xinjunrong 81

A Prosodic Analysis of Adjective Reduplication in Ningbo Chinese
······ Ge Haoyan 104

A Review of *The Prosodic Morphology in Chinese* ······ Zhuang Huibin 119

Dissyllabic Bare Verbs in Ba Constructions and Stress-XP ······ Ma Baopeng 127

论元结构、词义分解和轻动词句法*

黄正德

摘　要　本文对词义分解和轻动词句法理论的背景与现状进行了回顾，重点讨论几个中英文文献的研究成果。这些成果有助于我们理解单形谓语（simplex predicates）、词序和句法成分的复杂属性，施用（applicative）论元和非常规论元的句法位置，副词性修饰语的辖域以及词汇语义和句法结构间的映射。本文最后对汉语中词内（sub-lexical）层级的副词的修饰现象及其恰当解读的推导问题做了初步的讨论。

关键词　词义分解　轻动词　单形谓语　施用论元　非常规论元　词内层级副词修饰现象

1. 词义分解与轻动词

轻动词句法在近年来的生成语言学研究中发挥了重要作用。它当今的显著地位起源于词义分解理论的发展。词义分解理论又可以追溯到早期的生成语义学研究。最早的方案，包括 McCawley（1968）和 Ross（1972）等人的文献，在热心

* 本文部分内容在香港中文大学、台湾清华大学、北京语言大学口头报告时与初稿完成后，承蔡维天、邓思颖、冯胜利、李行德、林宗宏、连金发、柳娜、梅广、潘海华、石定栩、司富珍、汪昌松诸位先生惠赐意见，至为感激。初稿原以英文完成，承四川大学李果、南京大学苏婧与香港中文大学王迟诸君协助译为中文，特此申谢。

支持者与激烈反对者〔Fodor（1970）是后者著名的例子〕中都引起了广泛的关注。随着 1970 年代后期生成语义学派的瓦解[①]，其大部分辅助假说也被舍弃，但十多年后词义分解的思想却重领风骚，并且在原则—参数理论框架的文献以及当今最简方案的研究中得到进一步发展。词义分解理论之所以复振，一方面是因为它的某些洞见不同于其他生成语义学假设；另一方面是因为学者们又发现了新的支持证据，这些证据与更成熟的句法语义分析结合之后，使早期反对的理由不再成立。

在语义方面，Davidson（1967）根据动作（action）语句的逻辑形式提出的观点得到了扩展，从而将所有事件性谓语分解为更小的成分，显示出谓语和它们所表达的事件之间的关系。这种"新戴维森"（neo-Davidsonian）方法的使用案例之一，就是从每个谓语中提取初级语义成分（DO、CAUSE、BECOME 等）来表达谓语和相关论元的关系。因此（1）a 中的句子就有如（1）b 所示的结构，在一定程度上类似 Dowty（1979）所使用的语义表现形式。

（1）a. Jones opened the door.（琼斯打开了门。）

b. [Jones CAUSE [the door BECOME [open]]]

例句（1）b 在表达形式上与 McCawley（1968）的初始提法并无不同，已分解的部分经过排列，在一定程度上反映了句子多层次的句法结构。按照一些新戴维森式的处理方法（如 Parsons，1990），一个全新的分解方法是不把传统的论元角色如施事、受事、目标、地点等视为论元，而是看作一种二元谓语，并以个体和事件为其论元。使用 Parsons 的"次原子（sub-atomic）"处理方法，语义上（2）a 和（3）a 分别被表达成（2）b 和（3）b。

（2）a. Jones buttered the toast.（琼斯给吐司抹黄油。）=

b. ∃e[buttering(e) & Agent(e, Jones) & Theme(e, the toast)]

（3）a. Brutus stabbed Caeser with a knife.（布鲁图斯用一把刀捅了凯撒。）=

b. ∃e[stabbing(e) & Agent(e, Brutus) & Theme(e, Caeser) & With(e, a knife)]

其中，题元角色施事（agent）不是一个论元，而是一个表示"乃……的施事"（is the agent of …）的谓语，它携带两个论元：一个个体论元和一个事件论元。这样

① 有关生成语义学兴衰史的相关评述，参看 Newmeyer（1996）。

的分解是“彻底”的，上述表现形式包含了数个并列的谓语，面貌完全不像句子的句法结构。

句法方面，在管约理论和原则—参数理论最兴盛的时期，词义分解理论的显著优点重新激发了许多人对它的兴趣。它解决了句法结构长期悬而未决的问题，又在复指、辖域和论元结构方面得出了重要的新结论。这次复兴也得到了新的语义证据和分析的支持，摆脱了早期反对意见的影响。今天，词义分解已经被最简方案的支持者广泛采纳，也成为分布形态学（Distributed Morphology）文献的一个鲜明特征。

在下一节，我们将对最近带动了词义分解理论复兴的几种文献做一个简要的回顾，并说明这个假设（hypothesis）如何让学者获得语言学上的重要结论。在第 3 节，我们讨论最近有关汉语句法的文献，它们为词义分解提供了新的证据，从而增强了词义分解理论的解释力。在最后一节，我们将讨论汉语“词内修饰语”的现象以及词内辖域造成的一些问题，并简要评述未来的研究方向以总结全文。

2. 当代论元结构理论与词义分解

有几类证据对词义分解理论的复兴以及推动它在当前研究中占据重要地位做了一些贡献。我们对其中最有影响力的几部文献做一个回顾。

2.1 双及物句法结构分析

双及物句的句法结构，如（4）a 中的双宾语结构（Double Object Construction，以下简称“DOC”）和（4）b 中的与事补语结构（Dative Complement Construction，以下简称“DCC”），从生成语法的创立时期开始就悬而未决，传统的假设是水平的三分支 VP 结构 $[_{VP}$ V NP NP$]$ 或 $[_{VP}$ V NP PP$]$。

（4）a. Mary gave the baby a toy. （玛丽送了宝宝一个玩具。）

b. Mary gave a toy to the baby. （玛丽送了一个玩具给宝宝。）

在 1980 年代中期，基于对理论和经验事实的考量，许多学者〔最有代表性的是 Kayne（1984）以及 Barss & Lasnik（1986）〕一致得出下列意见：第一，动词后（不包含动词本身）的这些论元形成一个短语；第二，动词后第一个论元（NP）单方向地 C- 统领（c-command）第二个论元（NP 或 PP）。因此（4）a、（4）b 具有（5）中所示的结构，一个零形式 X^0（词类待定）作为动词后短语 XP 的中心语：

（5）a. [$_{IP}$ Mary [$_{VP}$ gave [$_{XP}$ the baby [$_{X'}$ [$_X$?] a toy]]]]
玛丽 送了 宝宝 一个玩具

b. [$_{IP}$ Mary [$_{VP}$ gave [$_{XP}$ a toy [$_{X'}$ [$_X$?] to the baby]]]]
玛丽 送了 一个玩具 给宝宝

Larson（1988）提出，（5）中的 XP 是 VP，它的动词中心语 gave “送” 从 VP 里移到了高层 “VP- 壳”（VP shell）。因此（5）b 中 “?” 标记的成分是动词 gave 移出后所留下的语迹（trace）。

（6）a. [$_{IP}$ Mary [$_{VP}$ gave$_i$ [$_{VP}$ the baby [$_{V'}$ [t_i] a toy]]]]

b. [$_{IP}$ Mary [$_{VP}$ gave$_i$ [$_{VP}$ a toy [$_{V'}$ [t_i] to the baby]]]]

（7）
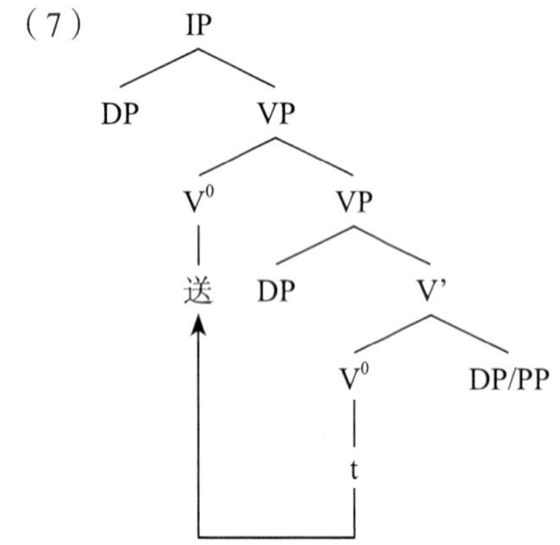

也就是说，双及物 give 为拥有两个 V^0 的双层 VP，这两个 V^0 在表层结构合在一起成为单个动词。尽管 Larson（1988）没有为 “VP- 壳” 结构的中心语添加任何语义内容，但是许多学者随即把这结构重新解释为包含词义分解假说的表现形式。[①] 所以对 DOC 而言，（7）中的两个动词中心语一个被认为是包含致使义

① Larson（1988）文中另外提出，在转换语法中，可以借助一个类似被动式的 NP 移位过程，由 DCC 派生出 DOC。但这方案引起若干争议而没有被广泛采纳。即使如此，“Larson 壳” 假说仍无疑奠定了当代词义分解理论的基础。

CAUSE 的动词性成分（V_{CAUSE} 是高层动词中心语），另一个被认为是包含拥有义 HAVE 的动词性成分（V_{HAVE} 是低层动词中心语），give 是 V_{HAVE} 并入 V_{CAUSE} 后形成的合并动词的语音实现形式，其基础语义因此就是“CAUSE to HAVE”。此外 give “送” 还包括其他语义成分（如 V_{CAUSE} 的方式、方法、条件等），把它和其他动词如 lend “借”、rent “租”、throw “扔”（例如“扔给狗一根骨头”）区别开。

与此同时，不同版本的词义分解理论也陆续有人提出。Hale & Keyser（1993，2002）还有 Harley（1997，2002）认为图（7）里的低层 VP 其实是一个表达领属关系（P_{HAVE}）或方位（P_{LOC}）的 PP。根据 Hale 和 Keyser 的观点，可能 DOC 包含一个“中心遇合（central coincidence）”的介词，典型的如 with “与”（“to be with X” 即“有 X”）选择一个领有物作为它的宾语；而 DCC 包含一个“终端遇合（terminal coincidence）”介词，典型的如 be at、to “在、到” 说明方位。因此，尽管 DOC 和 DCC 同时使用一个类似的总体结构，但二者在低层中心语的语义内容有别，在 DOC 中它表达领属关系，在 DCC 中它表达方位（或方向）。[①]

还有学者对双及物的分解给出了其他的证据。Harley（1997）提供了类型学的论据，显示只有那些以“X P_{HAVE} Y”格局表达拥有义的语言才有 DOC 结构，不能以 P_{HAVE} 表达拥有义的语言只有 DCC 结构，没有 DOC 结构。将 DOC 分析为“V_{CAUSE} - DP1 - P_{HAVE} - DP2”可以很好地解释这个语言类型的现象。另外 Richards（2001）从包含在 DOC 的 give “送” 在成语中的分布入手，给出了论据：

（8）a. Billy gave Susan the boot/sack/finger.

b. Billy gave Susan the creeps.

（9）a. Susan got the boot/sack/finger (from Billy).

b. Susan had the creeps.

例句（8）a 说 Billy 给了 Susan 一只 boot “马靴” 或 sack “袋子”，成语的意思是说他把她给免了职（踢出去了，让她卷铺盖回去）。给别人一只 finger “手指” 是说送别人一个中指朝天。相对的（9）a 以 get、have 为动词是说 Susan 被炒了鱿鱼或被人做了骂三字经的手势。作者的结论是仅当带有 get、have 的对应起始形式

① 这两个概念已应用到汉语历史语法及方言语法的分析之中，可参看冯胜利等（2008）与蔡维天（2013）。

（inchoative）有同样的成语解读时，包含 give 的 DOC 成语才能成立。根据双及物动词的分解理论分析，很容易得出这样的结论。

2.2 致使动词和其他完结谓语的强及物性

Levin（1999）以及 Rappaport-Hovav & Levin（2001）① 发现完结动词或动词短语（致使式和结果式）总是需要带一个宾语，但是活动类动词不必。下面的例子显示通过抑制宾语，及物式活动类动词可能变为不及物动词，但是致使式和结果式不能：

（10）a. John forgot to eat this morning.

b. John pulled and pulled with all his might (but could not pull up the turnip).

c. He knocked three times and left.

（11）a. John broke *(something).

b. They tried to widen *(the gap).

c. The thunder frightened *(him).

（12）a. John kicked *(something) open.

b. John ran *(himself) tired.

c. John laughed *(himself) silly.

相对的汉语例子也是如此：

（10'）a. 今天早上约翰忘了吃。

b. 约翰用尽全力拔呀拔（，但是没能拔出萝卜）。

c. 他敲了三遍然后走了。

（11'）a. 约翰弄碎了 *（某物）。

b. 他们尝试拓宽 *（缺口）。

c. 雷声吓到了 *（他）。

Levin（1999）和 RHL（2001）对这个结论的解释立足于这样的假设：第一，致使式和结果式是复杂谓语，指涉（至少）两个子事件；第二，词汇到句法的映射必须遵守下面的匹配条件：

---

① 本文为称说方便，将这两位作者的姓名简称为“RHL”，将其文章简称为“RHL（2001）”。

（13）事件—论元匹配条件（RHL，2001：779）

事件结构中的每个子事件在句法结构里必须至少配有一个论元。

因为致使式和结果式都由两个子事件组成，原则（13）要求至少有两个论元的显性表达，即主语之外必定还有宾语。这意味着致使式如 break 必须被分析成两个子事件（两个动词）。这为词义分解提供了另外一个论据。

2.3 其他的致使式和施动式

Hale & Keyser（1993，2002）分析了一组源自名词的处所动词（location verb）和物移动词（locatum verb），由表示“处所”或“所有物”的名词，经过中心语移位派生而成。（14）是处所动词的例子，（15）是物移动词的例子，均引自 Hale & Keyser（2002：18）。

（14）处所动词：bag（把……装进袋子），bank（把……存入银行），bottle（把……装在瓶中），box（把……放在盒里），cage（把……关在笼子里），can（把……放在罐头里），corral（把……赶入围栏），crate（把……装入大木箱），floor（opponent）（把对手击倒在地），garage（把……送入车库），jail（把……关入监狱），kennel（使……住在狗窝里），package（将……包装），pasture（放牧），pen（把……放入围栏），photograph（摄影），pocket（把……放进衣袋），pot（把……栽入盆中），shelve（把……放在架子上），ship（the oars）（把船桨放上船），shoulder（把……放在肩膀上），tree（把……赶上树）

（15）物移动词：bandage（给……扎上绷带），bell（给……装上响铃），blindfold（给……蒙住眼睛），bread（给……涂上面包屑），butter（给……涂上黄油），clothe（给……穿上衣服），curtain（给……挂上帘子），dress（给……穿上衣服），fund（为……提供资金），gas（使吸入毒气），grease（给……涂上脂肪），harness（给……上挽具），hook（给……钉上钩子），house（给……房子住），ink（给……涂以墨水），oil（给……抹上油），paint（给……涂上油漆），paper（将……贴上壁纸），powder（给……撒上粉末），saddle（给……装上马鞍），salt（将……撒上盐），seed（在……播种），shoe（给……穿上鞋），spice（给……加香料），water（给……洒水），word（给……以言辞表达）

如果不考虑零形式介词的语义类型，上述两类动词均派生自（16）中的结构。

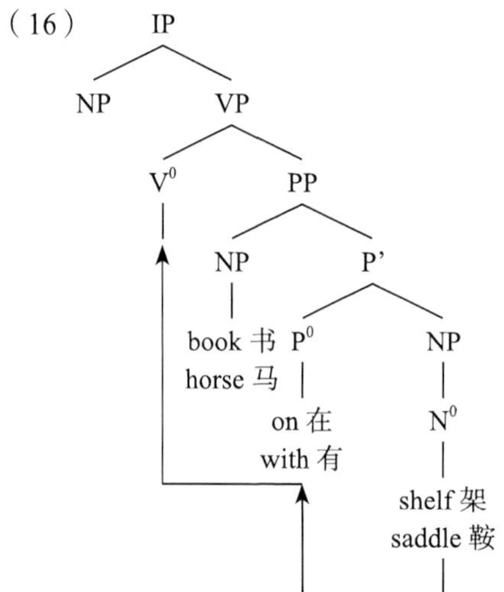

处所动词（如 shelve）源自充当"终端遇合"介词宾语的名词（如 shelf"架子"）。物移动词（如 saddle）则源自"中心遇合"介词宾语（如 saddle "马鞍"）。通过中心语移位"归并（conflation）"，名词 shelf 派生出动词 shelve，语义为 [x cause [y be on a shelf]]，名词 saddle 派生出动词 saddle，语义为 [x cause [y be with a saddle]]（Hale & Keyser，2002：19）。

（17）a. I shelved the books.　　（我把书放在书架上。）

b. She saddled the horse.　　（她给马套上马鞍。）

换句话说，（17）a 字面上的"我架此书"指我把书本"置之于架"（caused the books to be on the shelf），（17）b 字面上的"她鞍其马"指她将马"治之以鞍"（caused the horse to have / be with a saddle）。"处所动词"是原来指涉宾语处所的名词经过移位而动词化、进而致使化的结果，而"物移动词"则是原来指涉所有物的名词经过移位而动词化、进而致使化的结果。①

由此看来，Hale 和 Keyser 的分析显然把处所动词和物移动词结构分别对应于 DCC 和 DOC 结构，不同之处就是多了一个名词转动词的额外内层结构。Hale 和 Keyser 指出这种派生过程包含了中心语移位，遵守适用于句法部门的同样的移位限制，因此为词义分解理论和占据了句法位置的轻动词、轻介词的存在提供了重要证据。

① 学界有人将 locatum verb 翻译为"位移动词"似乎与动词的原意不合，反而更适于 location verb（方位词移动得来的动词）。这里我们咨询了顾阳并采用其建议把 locatum verb 翻译为"物移动词"（所有物移动得来的动词）。

除了双及物中的致使性轻动词和方位/物移结构，Hale & Keyser（1993，2002）还为名源非作格动词的派生假设了一个动词性的轻中心语。这些非作格动词包括活动动词，像 cry“哭”、telephone“打电话”、run“跑”、walk“散步”、whistle“吹口哨”、sneeze“打喷嚏”等，以及分娩类动词，如 calve“生牛犊”、pup“生小狗”、foal“生马驹”、whelp“下崽”、spawn“产卵”等。

（18）
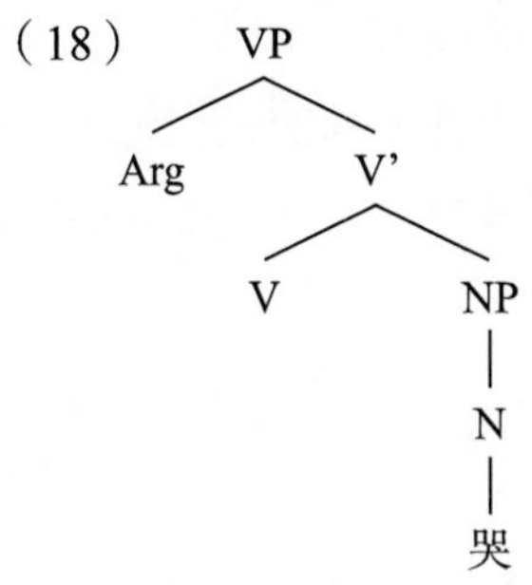

支持中心语移位分析的证据是名源动词皆来自 DO 的补述语名词（符合中心语移位限制或者空语类原则），而非主语名词。因此我们可以说 a child cried（一个小孩儿哭了）和 a cow calved（一头牛生牛犊了），但 *it childed a cry 和 *it cowed a calf 就完全不能成立。

2.4 域外论元的特殊地位

立足于 Marantz（1984，1997）的洞见，Kratzer（1996）指出施事性轻动词 v^0（称为一个“语态中心词”$Voice^0$）位于 VP 之外并选择一个域外论元。也就是说，域外论元是轻动词 $Voice^0$ 的论元，不是主要动词 V 的论元。除了语义上考虑到域外论元显示出有别于动词的部分独立性，某些语言（如马达加斯加语）在形式上存在“施事语态”的形态标记。因此（19）中句子的结构如（20）所示。

（19）Rasoa washed the clothes.（拉莎洗了衣服。）

（20）
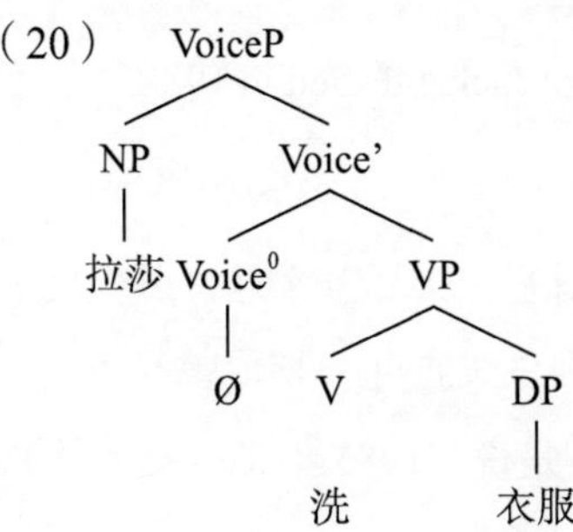

与（2）和（3）中 Parsons（1990）的语义类似，Kratzer（1996）采纳新戴维森式的语义分析，把题元角色处理为携带个体和事件的谓语，并把上层中心语 $Voice^0$ 的语义定为 [[Voice]] = lxle[Agent(x)(e)]，意思是一个以个体作为域外论元、以事件作为域内论元的谓语。把施事角色看作谓语（= “某 x 是事件 e 的施事”）近似于说 Voice 中心词是具有 DO（执行）的基本语义的轻动词（某 x 是事件 e 的施事 = x 执行 e）。因此 VP 表示一个洗衣服的事件，而高层短语 VoiceP 意指一个以拉莎为施事的事件。通过 Kratzer 提出的事件等同的过程（洗衣服的事件与拉莎所执行的事件等同），句子得到了恰当的解释：拉莎是洗衣服事件的施事。

2.5 分布形态学与范畴中立词根

词义分解是分布形态学理论的核心思想（Halle & Marantz，1993；Marantz，1997）。彻底的词义分解理论主张词语的范畴特征也应该与词根分离，即每个词项在词库中都是范畴中立的，它们获得范畴，是合并在一个轻中心语下面或者移到一个轻中心语的结果。也就是说轻中心语也是一种“定品词素”（梅广，2015：45）。这些定品词素的数目有限，包括一个动词化的轻动词、一个介词化的轻介词和一个形容词化的轻形容词等。

Hale & Keyser（1993，2002）提出的名转动的分析与分布形态学的原则在精神上是一致的。因此，我们可以说 saddle “马鞍” 和 cry “哭” 移到动词性中心语位置会获得动词属性。这么做意味着这些动词的派生无法依靠词汇规则来完成，因为这么做无法解释派生形式的意义和存在受到相关句法条件限制的事实。在这方面，下面的例子值得留心，它们的意义受到相当大的语境与非语境的限制，只有当人们具有恰当的百科知识时才能理解：

（21）a. The doctor decided to Dick Cheney him.

b. Tim got Pullumed in 1983 and Rich got Jackendoffed in 1988.

c. We all got Obamaed again!

例（21）a 的字面翻译是“医生决定迪克 · 切尼他”，实际意义是说医生决定用治疗迪克 · 切尼的疗法医治他。对于知道美国前副总统迪克 · 切尼曾经由于心脏病而植入支架的人来说，这句话更好理解。（21）b 是说“1983 年 Tim 被人以 Pullum

的方式对待，1988 年 Rich 被人以 Jackendoff 的方式对待”。（21）c 可以翻译为“他们又都被奥巴马给搞了”，指涉的实际情况可能是他们又都被奥巴马给骗了、给将了一军，或是被奥巴马式的口才给征服了。这些例子都以指涉个人的姓名来当动词用。这显然不是“奥巴马”在词典里既可以是名词又能转化为动词，而是“奥巴马”的词性全看它在句子结构里出现的位置。一般出现在 N 的位置，它就“定品”为名词；如果出现在轻动词 DO 的位置，它就“定品”为动词。如果用词汇性派生来解释这类句子的产生，则会忽略这个重要事实。

2.6 来自词内修饰语的论据

本文讨论的最后一类证据来自副词 again 和动量补语的辖域所显示的词内修饰语（sub-lexical modifier）现象。在 Fodor（1970）时代的文献中这类现象被认为是不可能的。但根据以 von Stechow（1995）为主，包括 Beck & Johnson（2004）等在内的相关研究可以得出一个新结论〔更详细的讨论参见 Harley（2012），这节讨论主要立足于上述文献〕。其中一个发现是修饰完结谓语的副词 again 存在两种解读。另外一个发现和修饰完结动词的动量补语的辖域有关：既可以是涵盖整个事件的高辖域，也可以是仅包含事件结果状态的低辖域。

第一类如例（22）所示，同时允许复原性（restitutive）解读和重复性（repetitive）解读（Harley，2012：330ff）：

（22）John opened the door again.（约翰又打开了这扇门。）

a. Restitutive: The door had been open before, and John reopened it.
复原：这扇门过去已经打开了，约翰重新打开了它。

b. Repetitive: John had opened the door before, and he did it again.
重复：约翰过去打开过这扇门，他又打开了它。

例（22）的英文有两个解读。在复原性解读中，这扇门过去已经处于打开的状态，但不知何故门关上了，约翰打开门，使得门又回到它之前打开的状态。在重复性解读中，约翰以前开过门，现在他又开了一次门。按照复原性解读，即使这是约翰第一次打开门，全句也为真。但是根据重复性解读，约翰一定开过两次甚至更多次的门。在第一种解读中，门又一次处于打开的状态；在第二种解读中，约翰又一次做了同样的开门动作。

词内辖域现象如（23）所示（引自 Harley，2012）：

（23）John opened the door for five minutes.（约翰打开了这扇门五分钟。）

a. Low scope: The door spent a five-minute period being open.
低辖域：这扇门打开的状态持续了五分钟。

b. High scope: John spent a five-minute period in the act of opening the door.
高辖域：约翰打开门这个动作持续了五分钟。

像 for five minutes 这样的动量短语可以表达一个活动所花的时间，或者一个状态保持为真的期间，但它不能修饰达成或完结动词，尤其像 cause 这样的动词。在（23）中 for five minutes 可以自然地指向门保持了五分钟开的状态，如（23）a 中的释义，这是约翰开门的结果。它表示结果状态保持的时间，而非门打开的过程。因为（23）的 open 是单语素致使动词，动量短语修饰的只是 open 的一部分，这是另一个词内修饰语的例子。〔如（23）b 所示，此句也有高辖域解读，表达约翰使用了五分钟来完成打开门的动作。〕

词内修饰语现象为词义分解提供了很有趣的证据。在这个例子中，如果单形致使动词 open 分解为 [cause to be open]，那么副词 again 和 动量短语 for five minutes 同高层谓语还是低层谓语关联，就很容易产生歧解。具体地说，当 again 和 for five minutes 位于低层 VP- 壳时，可以得到复原性解读和低辖域解读；当 again 和 for five minutes 位于高层 VP- 壳时，得到重复性解读和高辖域解读。这两种解读分别如（24）和（25）所示。（引自 Harley，2012）

（24）

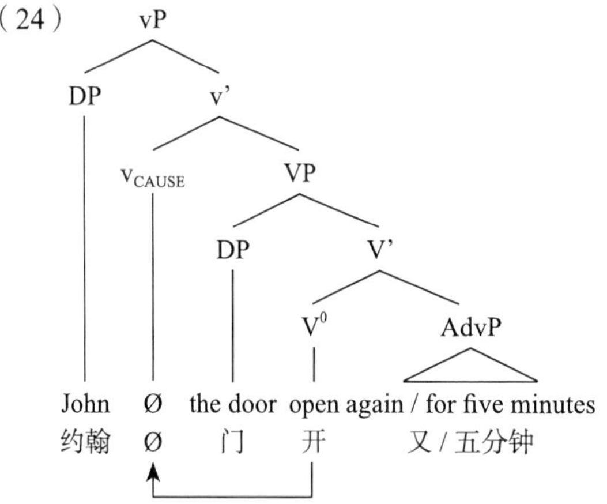

Reading: λe[CAUSE(John, e) & OPEN-AGAIN(the door, e)]

λe[CAUSE(John, e) & OPEN-FOR-FIVE-MINUTES(the door, e)]

解读： λe[CAUSE（约翰，e）& 又开了（门，e）]

λe[CAUSE（约翰，e）& 开了五分钟（门，e）]

（25）

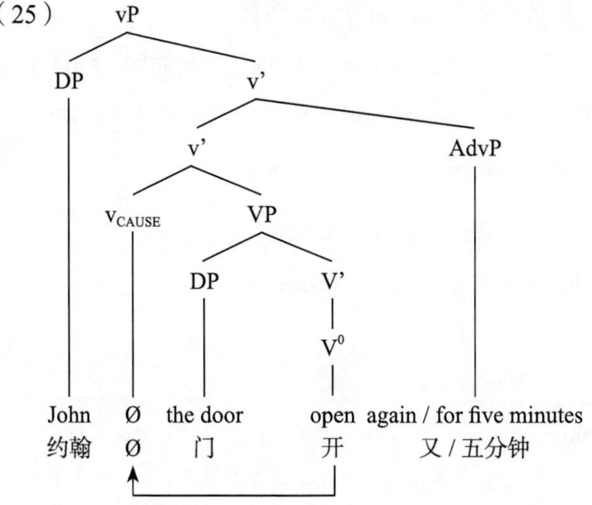

Reading: λe[CAUSE(John, e) & OPEN(the door, e) & AGAIN(e)]

λe[CAUSE(John, e) & OPEN(the door, e) & FOR-FIVE-MINUTES(e)]

解读： λe[CAUSE（约翰，e）& 打开（门，e）& 又 (e)]

λe[CAUSE（约翰，e）& 打开（门，e）& 五分钟 (e)]

Beck & Johnson（2004：113 ～ 115）发现了英语 DOC、受益短语和移动类动词句中词内修饰语的新证据。在下列例子中，重复性解读列在上面，复原性解读列在下面。

（26）Thilo gave Satoshi the map again.（蒂洛又送了小智那张地图。）

a. Thilo gave Satoshi the map, and that had happened before.

b. Thilo gave Satoshi the map, and Satoshi had had the map before.

（27）Thilo sewed Satoshi a flag again.（蒂洛又给小智缝了旗子。）

a. Thilo sewed Satoshi a flag, and that had happened before.

b. Thilo sewed Satoshi a flag, and Satoshi had had a flag before.

（28）Thilo sent Satoshi the map again.（蒂洛又寄给小智那张地图。）

a. Thilo sent Satoshi the map, and that had happened before.

b. Thilo sent Satoshi the map, and Satoshi had had the map before.

如果把 DOC、受益类和移动类动词分解为两个谓语并允许 again“又”修饰低层或者高层谓语，那么歧义可以用类似的方式解释。

Beck & Johnson（2004）通过 von Stechow（1995）发现的例子强调了结构上解释的重要性。在下列的德语例子中，wieder“又”和直接宾语 die Tür“门”的前后顺序影响了复原性解读的可能性。

（29）(weil)	Satoshi	die Tür	wieder	öffnete
because	Satoshi	the door	again	opened
因为	小智	那扇门	又	打开

→ 重复性和复原性解读都能得到

（30）(weil)	Satoshi	wieder	die Tür	öffnete
because	Satoshi	again	the door	opened
因为	小智	又	那扇门	打开

→ 只能得到重复性解读

例（29）中的副词 wieder“又”在直接宾语 die Tür“门”后面（结构上在直接宾语下面），句子有重复性和复原性两种解读。但是在（30）中，当 wieder 位于 die Tür 的前面，则只能得到重复性解读。德语研究一般认为如果一个宾语是有定的，宾语会从其题元位置移到句法树中较高的位置。根据 von Stechow（1995），有定宾语位于“宾语一致（Agr-O）”短语的指定语位置，在 vP 的词汇性投射之上，也在小 v、V_{CAUSE} 和大 VP 之上。如果 wieder 位于 die Tür 的后面，它能合并为 v' 的附加语（adjunct），C- 统领 vP（= $[[_{vP}[_{VP}V]\ v]]$）中的 V 和 v（德语是中心语居末），产生重复性解读。另一个可能性是 wieder 并入 V' 或 VP，只 C- 统领 VP 而把 v 排除在外，产生复原性解读。要注意的是，如果像（30）wieder 出现在 die Tür的左侧，那么它一定C-统领整个vP，这样（30）就只能得到重复性解读了。

Beck & Johnson（2004：112）指出从下列的英语例子中也能得到同样的结论：

（31）a. Thilo opened the door again.（重复性和复原性解读）

b. Thilo again opened the door.（只有重复性解读）

在（31）a 中，again 出现在动词和宾语之后，因此原则上它能与高层 vP 或低层 VP 合并嫁接〔如上文（24）和（25）所示〕。在（31）b 中，again 位于动词前，也就是在整个 vP 前，所以它只能允准重复性解读。

我们已经回顾了几类语言学的证据，借助它们指出：有必要把一个明显的单词素动词分解为两个或多个成分，并在语法上把它们表示出来，因此在句法结构上需要轻动词和它们的位置。在剩下的几节中，我们来讨论汉语的轻动词句法。

3. 汉语中的轻动词与词义分解

词义分解的证据之一便是作为“定品词素”的中心语以显性形式出现。轻动词只是为了标识动词性位置才占据了一个句法位置。作为一种高度分析性语言，现代汉语大量使用了显性轻动词（以及其他一些轻范畴）。一个著名的例子是“打”，它的原始意义是“打击”（to hit），但是下列例子中的“打”绝对没有这种意义，只是作为一个动词化的中心语：

（32）a. 打电话　da dianhua　“to phone”

b. 打鱼　da yu　“to fish”

c. 打喷嚏　da penti　“to sneeze”

d. 打呼　da hu　“to snore”

e. 打哈欠　da haqian　“to yawn”

f. 打油　da you　“to lubricate, or fetch oil”

g. 打水　da shui　“to fetch water”

h. 打麻将　da majiang　“to play mahjong”

i. 打字　da zi　“to type”

j. 打猎　da lie　“to go hunting”

对比它们的英语翻译可知，英语的动词是通过从 N 移动到零形式的 v 位置上的“名转动”（denominalization）操作形成的〔按照 Hale & Keyser（1993，2002）的方式〕，而汉语是直接将轻动词的显性形式置入，阻止 N-to-v 的合并（incorporation）。事实上，汉语中的这种情况出现在中古时期，而上古汉语更像现代英语，使用综合性的手段〔例如：鱼（fish）/ 渔（to fish）；饭 = 米饭（rice）/ 吃饭（to eat）。更多例子见下文〕。分析性手段则在汉代以后显著出现，在唐宋时期达到顶峰。欧阳修（1007—1072）在《归田录》中记载了这样的例子：

> 今世俗言语之讹，而举世君子小人皆同其缪者，惟打字尔。其义本谓考击。故人相殴、以物相击、皆谓之打，而工造金银器亦谓之打可矣，盖有槌挝之义也。至于造舟车者曰打船、打车，网鱼曰打鱼，汲水曰打水，役夫饷饭曰打饭，兵士给衣粮曰打衣粮；从者执伞曰打伞，以糊黏纸曰打黏，以丈尺量地曰打量，举手试眼之昏明曰打试，至于名儒硕学，语皆如此，触事皆谓之打，而遍检字书，了无此字。

在这一段文章中，作者对汉语的“堕落”感到惋惜，他记录了 [打 +N] 过度使用的情况，其中的“打”完全脱离了原始“打击”义。在现代汉语中，显性轻动词的使用仍然是一个显著特征，特别是书面语里充斥了累赘的轻动词。某些语言群体对轻动词结构的过度使用几成笑料。例如，他们用“做一个打喷嚏的动作”（to do an action of sneezing）代替了简单的“打喷嚏”；用“进行点菜的步骤”（to proceed with the process of ordering dishes for a meal）代替了简单的“点菜”。相关讨论可以参考蔡维天（2016）和相关参考文献。

在我们继续讨论之前，需要注意的是，“轻动词”这个术语可以有不同的含义。Jespersen（1965，VI：117）最早提出的“轻动词”是一种语义极少甚至没有特定语义内容的显性动词，例如英语的 give a cry、make a wish、do the dishes 中的动词，还有汉语的“打”。在这种含义下，轻动词在语义上是轻的，但在语音上是重的，没有语音减弱的迹象（如去重音化或轻声化）。这个术语自然可以扩展到显性的派生词缀（例如动词性后缀 -en，或是致使性后缀 -ize），因为它们不仅在语义上是轻的，而且在语音上也是轻的。这个范畴的极端情况是没有语音形式的轻动词。“轻动词”这个术语有广义和狭义之分，狭义的轻动词在语音上是残缺的（词缀或零形式）。与词义分解理论相关的是狭义轻动词。一个词缀型或零形式的轻动词可能要依靠与词汇性宿主（lexical host）间的一致性（agree）关系，这会激活（trigger）动词移位或词缀跨越（affix hopping）的操作。但是，句法上“打”这类显性词汇性轻动词是一个完整动词。它不会激活一致关系或中心语移位，但是可能根据需求作为一个完整的重动词被激活而移位。虽然显性轻动词不同于激活动词移位的零形式轻动词，但前者的普遍存在为我们对后者的抽象假定提供了有力的语义和句法依据。

现在我们来讨论现代汉语和古代汉语存在零形式轻动词与中心语移位的证据。

3.1 附加语的位置：期间和回数短语

早期对汉语中动词移位（以及轻动词的存在）的一项研究来自非常规语序，与句法和语义错配有关。Huang（1994，1997）指出汉语中存在 V-to-v 的移位：一个词汇性动词移到轻动词的位置上，由此把每个经历移位的动词视为 V+v 的组合。这个假说解释了许多过去难解的现象。

首先，它可以解释表示期间（duration）或回数的动量短语在动词之后的语序，例如：

（33）a. 她昨天睡了两小时。

b. 她昨天哭了两次。

传统汉语语法研究关于现代汉语语序最为人熟习的一条原则是：（状语性）附加语在动词之前而补述语（complement）在动词之后。[①] 但是，表示期间或回数的动量短语的位置却是这条原则的明显例外之一（尽管以前的研究称之为时量补语或动量补语，但依照任何语言的正常标准来看，这些短语都绝对不是补语而是一种状语）。从上面的例子来看，这些状语一般是在动词之后。[②] 这种现象可以在轻动词假说下得到解释：动词“睡”和“哭”被提升到轻动词 v 的位置上（但是不能超过轻动词），跨越了附接（adjoin）在 V’ 的附加语：

---

① 根据 Kayne（1994）的研究，线性顺序 [主语—附加语—中心语—补足语] 是高度分析性语言的默认语序。汉语也遵循这种 Kayne 式语序。我们正在讨论的情况算是大格局之下的例外。

② 其他动词后成分还包括目的短语（purposive phrases）、宾语指向的次谓语（object-oriented secondary predicates）、结果补语（resultative complements）以及描写补语（descriptive complements）。它们都被分析为动词性中心语后的补述语，因此它们不是这条规则的例外〔Huang（2006）指出，结果补语可以分析为“得”（become/cause）的补述语。带“得”的描写性补述语也可以这样分析〕。

（34）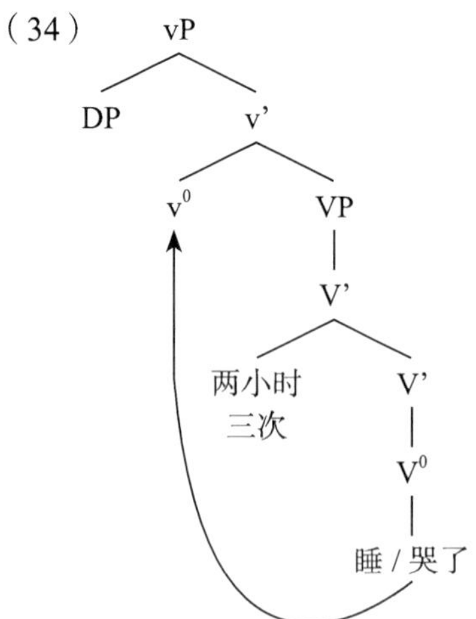

因为 V 的移动不会超过 v（到达屈折中心语 I^0 或标句词 C^0），所以动词永远不会出现在像“昨天”这样的外附加语之前。这些附加语附接在 v' 上，或者出现在 TP 中。

3.2 形义错配之一：伪名量短语结构

动词移位假说也可以解释许多表面上呈现句法—语义错配的现象。例如：

（35）a. 他看了三天书。

b. 我打了两次麻将。

在这些例子中，表示期间和回数的动量状语出现在动词和它的宾语之间。有证据显示，动词后成分“三天书”和“两次麻将”都在动词之外形成了一个直接成分，并可以通过并列测试验证：

（36）a. 张三昨天弹了三次钢琴，两次吉他。

b. 张三一共学了三年英文，两年德文。

类似“三天书、两次麻将”这样的短语在过去的描写性研究中被称为“伪名量”（fake nominal measures）。“三 / 两次、三 / 两年”显然指涉事件发生的次数或时间长短，而不是它们的名词中心语（钢琴、吉他、英文、德文）存在的次数或长度，即使它们好像是出现在这些名词中心语的定语位置上。按照 V-to-v 移位假说，这种句法和语义错配的现象可以轻松得到解决。事实上，除了动词是带宾语的及物动词之外，例（35）和例（33）、例（34）有完全相同的结构。因为动词 V 和宾语之间只有 V 前移，根据预测，移位后，宾语就会出现在动词之后。因此按照（34）所示的深层结构，并不存在“伪”名量或“伪”定语的问题。这些表达量度的短语修饰的是中心语已移走的V’短语，而不修饰宾语名词。至于像（36）中的并列结构，因为联合VP的两个并列语都包含了同一个动词如（36）a中的“弹”，我们可以将它从两个并列语中同时提取（across-the-board movement），合并到上层的v里面，如（37）所示：

（37）张三昨天 $[_{vP}[_{v'}$ 弹了 $[_{VP}[_{V'}$ 三次 t_v 钢琴]]，$[_{VP}[_{V'}$ 两次 t_v 吉他]]]]

3.3 形义错配之二：伪定语结构

Huang（1997）和黄正德（2008）还提出动名词名词化（gerundive nominalization）的过程，是将动词从一个VP移出，经由一个名词性中心语 G^0 移到v的位置。这解释了带“的”字的“伪领属定语”（fake possessive attribute）现象，以及量词—名词错配现象：

（38）a. 他教他的英文，我念我的数学。

b. 他哭他的，你笑你的。

在这些例子中，领格代词（如“他的”等）或者和一个名词中心语一起出现，但并不是中心语的领属或修饰成分；或者其后根本就没有名词中心语。我们假设这个领格代词出现在动名词短语的指定语位置，指称事件的施事者：

（39）$[_{vP}$ 他 v^0 $[_{GP}$ 他的 $[_{G'}$ G^0 $[_{VP}$ 教英文 / 哭]]]]

（40）

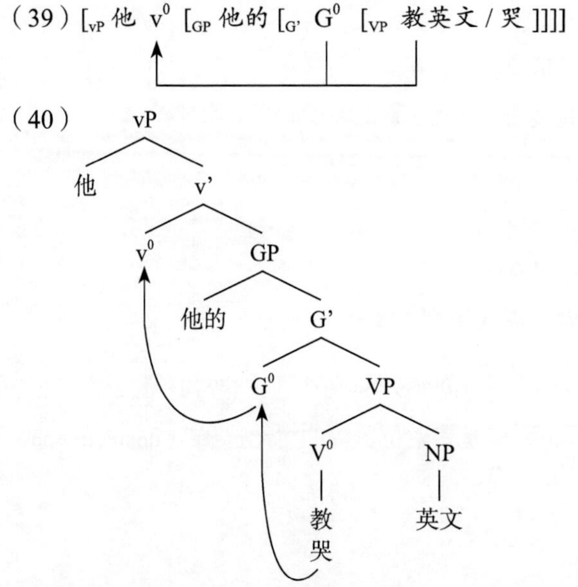

根据这个分析，（38）a 中第一个分句意为“他做了教英文的事情”（He did his teaching of English），领属性成分“他的”占据了表示事件的动名词短语的指示语位置。如果移位后 GP 的剩余成分继续移位，就会派生出下列类型的句子：

（41）a. 他的老师当得好。

b. 他的数学念得不错。

c. 这个牛，他吹得太离谱了。

d. 这种默，最好不要随便幽。

由此看来，（35）和（36）中的“伪”名词性度量短语，（38）和（41）a、（41）b 中的“伪”限定词，以及（41）c、（41）d 中的“伪”量词的出现只是表面上“疑似”的形义错配现象。按照动词移到零形式轻动词位置的假说，句法—语义错配的问题就不会存在。

3.4 双及物、致使和施用结构

利用词义分解理论研究汉语中的论元结构和句法结构间的关系已有相当丰硕的成果，包括 Cheng，et al.（1997）对粤语、普通话和台湾闽南语的致使性复合词的研究，以及 Cheng，et al.（1999）对台湾闽南语中致使结构、被动结构和与格结构的研究。结果补语方面，根据 Larson（1988）的思路，Huang（1988）提出有一个起始性的 [V- 得] 动词从 VP 中提升出来，并因此允准一个致事论元做主语：

（42）a. 她激动得流出了眼泪。

b. 那件事激动得她流出了眼泪。

（43）a. 她哭得很伤心。

b. 这件事哭得她很伤心。

（44）a. 我每次都听得津津有味。

b. 他的演讲每次都听得我津津有味。

在其他研究中，Lin（2001）提出的轻动词句法理论非常值得关注，他的研究特别指出汉语句法论元位置（尤其是宾语位置）的“无选择”（unslectiveness）特征。例如：

（45）a. 吃饭馆、吃家里、吃老板、吃自己

b. 开高速公路、开驾照、开身份证

c. 写黑板、写毛笔、切这把刀

这些例子都包含了一个没有受到动词选择的题元角色的非常规宾语（non-canonical object）。但在句法上，如省略、关系化等方面，它们和一个真正的宾语别无二致（参见 Li，2011）。根据 Lin（2001）的分析，在这些句子中都出现了主要动词向一个零形式"事件谓词"（eventuality predicate）或施用中心语（applicative head，按照更流行的用法）的移位，这个中心语选择了指称处所、方法、方式、工具或甚至是原因的宾语。（42）～（45）这类例子可以出现在汉语中，但在英语中不能出现，这对参数理论（parametric theory）来说是需要解决的重要问题。Lin（2001）提出了一个词汇化参数，允许不同语言的动词获得论元结构时有所不同，有的在词库层面获得（综合性语言例如英语），有的在句法层面获得（如汉语这种高度分析性语言）。关于这个参数和它的后续结果仍然存在问题，但这些例子为现代汉语中的 V-to-v 移位提供了明确的证据。

3.5 古代汉语的零形轻动词

古代汉语的动词具有很强的多义性，许多学者都已经谈过了，只是大多数人没有把它们跟词义分解理论和动词中心语移位联系在一起。诚如梅广（2003，2015）、冯胜利（2005）、Feng（2015）以及 Huang（2010，2015）已经指出，这些现象都很适于作为词义分解理论和中心语移位的重要例证。这里择要举出部分例子（引自冯胜利，2005；Feng，2015；梅广，2015；Huang，2015）：

（46）通过 N → V 合并形成的"名转动"动词：

a. 子曰：饭疏食饮水，曲肱而枕之，乐亦在其中矣。《论语·述而》

b. 大舜……自耕、稼、陶、渔以至为帝，无非取于人者。《孟子·公孙丑上》

c. 许子必种粟而后食乎？……许子必织布而后衣乎？《孟子·滕文公上》

d. 君君，臣臣，父父，子子。《史记·孔子世家》

e. 老吾老以及人之老，幼吾幼以及人之幼。《孟子·梁惠王上》

（47）通过移动到 V_{CAUSE} 形成的致使性动词：

a. 因其所大而大之……因其所小而小之。《庄子·秋水》

b. 匠人斫而小之。《孟子·梁惠王下》

c. 诸母漂，有一母见信饥，饭信。《史记·淮阴侯列传》

d. 君子问人之寒，则衣之；问人之饥，则食之；称人之美，则爵之。《礼记·表记》

例（46）中的句子，很明显地是经由名词位置移入轻动词 DO 位置而定品为施动动词后，继续构筑而成的句子。“君君” = “君作君、君为君”，其中“作、为”没了语音成分，“君”移入补位就成了动词（情况和英语的 the king kings、the father fathers 类似）。例（46）e 的“老吾老、幼吾幼”和上面例（21）里“Dick Cheny、Obama”做动词用的情况有异曲同工之妙。至于例（47）c 和（47）d，则是 N → V 名转动之后继续移入 CAUSE 而定品为致使动词的例证。

另外 Feng（2015）和梅广（2015）的研究都援引了古代汉语中施用轻动词引发的意动、为动、供动、与动、对动现象，如下：

（48）意动

a. 登泰山而小天下。《孟子·尽心上》

b. 君以为雄，谁敢不雄？《左传·襄公二十一年》

（49）为动

a. 贪夫徇财，烈士徇名。《史记·伯夷列传》

b. 尧与许由天下，许由逃之；汤与务光天下，务光怒之。《庄子·外物》

（50）供动

a. 季氏饮大夫酒。《左传·襄公二十三年》

b. 赵简子逆，而饮之酒于绵上。《左传·定公六年》

（51）与动

a. 齐侯盟诸侯于葵丘。《左传·僖公九年》

b. 晋栾枝入盟郑伯，五月，丙午，晋侯及郑伯盟于衡雍。《左传·僖公二十八年》

（52）对动

a. 君三泣臣矣。《左传·襄公二十二年》

b. 不知将军宽之至此也。《史记·廉颇蔺相如列传》

这些句式在深层句法结构上都包含了一层施用结构（applicative structure）或梅广（2015）所称的“增价结构”。其中的施用（增价）轻动词不带语音成分，如 [$v_{以}$ 天下 $v_{为}$ 小][$v_{为}$ 之怒][$v_{供}$ 大夫饮酒]经过动词提升就成了（48）a的意动“小天下”、（49）b 的为动“怒之”、（50）a 的供动“饮大夫酒”等。[$v_{与}$ 诸侯盟] [$v_{对着}$ 臣泣] 就成了与动“盟诸侯”和对动“泣臣”等。 这些例子在现代汉语都不容易找到，因为这些轻动词都有完整的语音成分，动词只能留在原位，句子只能以分析性的格局出现。[①]

总而言之，现代汉语和古代汉语中都存在需要利用词义分解理论和轻动词移位进行句法分析的现象，而且古代汉语的情况比现代汉语更为普遍。在本文的剩余部分，我们来看看词内修饰（sub-lexical modification）在汉语中的情况。

4. 词内修饰语：对汉语“又、再”的初步讨论

上文我们回顾了两类词内修饰语，一类与副词“又、再”（again）修饰的对象有关，一类与动量短语的辖域有关，两者都体现在达成谓语句上。上文指出英语例子如（53）〔=（22）〕可以有“复原”和“重复”两种解读：

（53）John opened the door again.（约翰又打开了这扇门。）

a. 复原：这扇门过去已经打开了，约翰重新打开了它。

b. 重复：约翰过去打开过这扇门，他又打开了它。

我们来看汉语的例子。例（54）和（55）都含有致使动词“关上”，其中副词“又”的修饰对象可以有两种解读。

（54）我好不容易才把门打开，你怎么又把它给关上了？

（既可以解读为复原，也可以解读为重复）

（55）我好不容易才把门打开，你怎么又让它给关上了？

（既可以解读为复原，也可以解读为重复）

例（54）和例（55）都描述了一扇门过去就在关闭的状态，但没有说明过去谁关上了这扇门。因此这两个句子都可以解读为复原（受话者只关上这扇门一次），

① 黄正德、柳娜（2014）指出，近年来网上见到的许多“被 XX”句子（如“被失踪、被就业、被小康、被捐款”等），都可以视为一种新兴的意动或使动结构，包含一个没有语音成分的轻动词（意指“被说是失踪、被说是就业、被认定为小康、被强迫捐款”等）。至于“被潜规则”则是一个含有轻动词DO，类似“Dick Cheney、Obama”做动词用的名转动结构。

也可以解读为重复（受话者过去曾经关过这扇门）。另外看看由“再”修饰的双宾语结构。例如：

（56）张三已经有那本书了，你不需要再送他那本书。

这句话在下面的情境中是可以成立的：张三已经自己买了这本书了，并不需要第二本这样的书，即使是你第一次送给他的，他也不需要。这里只有复原性解读。

再来考虑动量短语低辖域（low scope）解读的可能性，上文已举出例（23），重复如下：

（57）John opened the door for five minutes.（约翰打开了这扇门五分钟。）

a. 低辖域：这扇门打开的状态持续了五分钟。

b. 高辖域：约翰打开门这个动作持续了五分钟。

下面的例子也表明汉语动量短语可以修饰致使性谓语的结果部分：

（58）请把门打开五分钟（再关起来）。（低辖域）

（59）我把新房子租给他三年。（低辖域）

总之，不管是“又、再”还是动量短语的修饰辖域，汉语跟英语一样都允许两种解读。动量短语可以轻松获得低辖域解读，因为“五分钟”“三年”等都在动词之后。它们可以和结果短语直接合并：

（60）

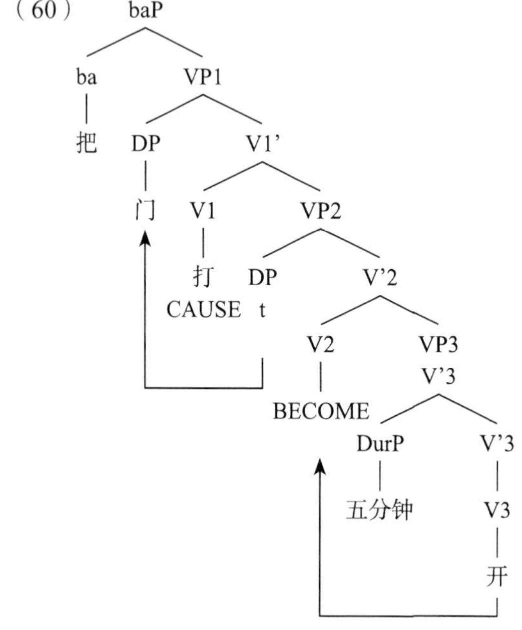

下面的句子可以有高辖域、低辖域两种解读：

（61）他开了五分钟的门。

a. 高辖域：他花了五分钟的时间执行开门的动作。

b. 低辖域：他把门打开了五分钟。

因为在深层结构里，“五分钟”可以在轻动词 CAUSE 或者 BECOME 之上，当动词“开”移入最高的小 v（或者 Voice）之后就得到了表层结构（61）。

但“又”或“再”可以出现在整个致使谓语或双宾语动词之前，并且 C- 统领它们，这样的句子做复原性解读是有问题的。von Stechow（1995）和 Beck & Johnson（2004）曾指出，当 wieder 或 again（又、再）位于 C- 统领整个 v+V 组合式的位置时，只能得到重复性解读。

上文提到德语像（62）〔=（30）〕的句子，当 wieder 位置高于 die Tür 时，只能有重复义的解读：

（62）(weil) Satoshi wieder die Tür öffnete
because Satoshi again the door opened
因为 小智 又 那扇门 打开

因为在德语中定指宾语的位置高于轻动词 V_{CAUSE} 的位置。同样地，英语 again 置于动词之前也高于 V_{CAUSE}，因此只有重复义的解读，如（63b）〔=（31b）〕所示：

（63）a. Thilo opened the door again.（重复性和复原性解读）

b. Thilo again opened the door.（只有重复性解读）

汉语的“又”和“再”总是出现在动词之前，C- 统领整个 vP，所以应该不能做复原性解读，这和语言事实矛盾。是什么使汉语和英语在这方面存在差异呢？ 为什么英语的 again 所呈现的那类证据，在汉语的“又”或“再”却没有出现？虽然这种情况不能视为对词义分解理论的反证，但却也提出了一个值得思考的问题。下面我们讨论几个方案的可行性。

对这种英汉差异的一个可能解释是，“又、再”不像 again 那样直接修饰它所 C- 统领的对象，它们所修饰的对象或许可以通过与 LF 相关的机制来获取，类似于焦点关联（focus-association）或者非邻接依赖性（non-adjacent dependencies）的获取机制。例如，众所周知，副词“只”，就像英语中的 only 一样，可以标记整个它 C- 统领的 VP 作为焦点，也可以标记比 C- 统领的范域小的成分作为焦点。下面的例子可以证明这一点：

（64）a. John only shouted at Bill. (Not at Mary.)

（约翰只对比尔大吼，不是对玛丽。）

b. John only shouted at Bill. (He did not shoot at him.)

（约翰只对比尔大吼，并没有朝他开枪。）

（65）a. 张三只喜欢李小姐。（不喜欢王小姐。）

b. 张三只喜欢李小姐。（但并没爱上她。）

出现这种对焦点的歧解是因为，“只”可以和它 C- 统领的整个 VP 关联，也可以和动词单独关联，或者和宾语单独关联，取决于哪个成分携带了焦点特征。在探针—目标（probe-goal）系统中，“只”所带的焦点特征未赋值（un-valued），在“只”的 C- 统领范域中某个成分则带已赋值（valued）的焦点特征，通过两个特征之间的一致操作（Agree），可以获得焦点解读。这自然排除了主语“张三”被解读为焦点的可能性。类似地，我们也可以假设“又、再”需要和一个动词性元素或事件联系起来，取决于哪个事件含有所需的特征：[①]

（66）$[_{TP}$ 又 $[_{vP}$ CAUSE [门 关上]]

a. （又 → CAUSE）

b. （又 → 关上）

这个假说会引发一个明显的问题：既然英汉两种语言都具有“只”字关联现象，为什么英语不像汉语那样也具有同样的“又”字关联现象呢？对于这个问题，我们无法给出直接的答案，但从其他方面观察这个问题或许有益。在许多方面汉语可以使用一致操作建立非邻接联系，而英语要求采用移位操作（Move）建立邻接联系。一个容易想到的是 wh- 移位参数：在英语中采用移位操作，出现显性移位；而汉语只采用一致操作，出现了 wh-in-situ 现象。[②]

① 另一个句法上可能的例子是“指宾状语句”（object-modifying adverbial adjunct），状语修饰的是宾语而不是动词。例如：

（i）张三热热地喝了一碗汤。

对于这种句子的分析在文献中有相当大的争议，我将把这个问题留待以后解决。更多讨论请参见 Liu（2014）及其参考文献。

② 疑问词短语是否经历隐性的 LF 移位是一个独立的问题。但一致操作和移位操作的差异是各种语言之间在类型上的一项重大差异。

另一种情况是 wh-the-hell 的句法。在汉语中，副词“到底”的辖域中需要有一个 wh 短语，并且通过一致操作的允准才可以成立：

（67）张三到底最喜欢谁的画？

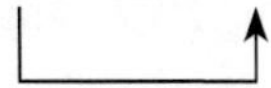

换句话说，汉语与英语的差异在于汉语比较广泛地使用一致操作，“又、再”的解读就是靠一致操作得来的，而英语不使用一致操作来推导 again 的修饰辖域。这项区别又可以视为汉语与英语在分析性与综合性类型上的不同。

另一个解释汉语中复原解读的潜在方法是，假定根动词（root V）不在拼写（spell out）之前移动到轻动词 CAUSE 的位置上，因此可以派生出两种形式进入 LF。例如：

（68）a. [$_{vP}$ CAUSE [$_{VP}$ 又 打开]]（复原性解读）

b. [$_{vP}$ 又 CAUSE [$_{VP}$ 打开]]（重复性解读）

上面的两个结构分别表述复原性和重复性的语义，但因为 CAUSE 不带语音成分，而且根动词“打开”在拼写之前还未移到 CAUSE 的位置，两个结构的发音是相同的。在逻辑式 LF 部门，动词“打开”跟 CAUSE 经过一致操作而得到致使义。同时“打开”也可以进行隐性移位与 CAUSE 合为一个致使动词。

根据这个方法，汉语与英语的差异在于“派生时机”（derivational timing）的不同，其精神跟最简方案解释英语与法语之间词序差异的方法是一样的。派生时机参数可以说明法语语法比英语语法更具综合性，而汉语语法则比英语语法更有分析性。

不过虽然理论上说得过去，第二个方法仍面临其他问题，可以从例句（55）看出来（重列如下）：

（69）我好不容易才把门打开，你怎么又让它给关上了？

（既可以解读为复原，也可以解读为重复）

注意在这里“又”字出现在具有语音内容的致使动词“让”之上，显然它所修饰的辖域包含了整个致使结构，不可能有像（68）a 这样的结构。但如上所述（69）是可以解读为复原义的。

除非有更合理完整的解释，我们的结论是汉语副词“又、再”的歧义性不能在句法上以词义分解理论来解释，因此不能为此理论提供证据。它们的歧义可能是在词汇层次上的歧义，不是句法层次上的歧义。也就是说，汉语“又、再”这两个副词都“与生俱来地”有重复与复原两个词汇语义，跟英语的 again 和德语的 wieder 有所不同。这个结论似乎最为合理。事实上，“又、再”除了重复与复原义之外还有其他词义是英语或德语所没有的。马真（2004：240ff）指出，“又”和“再”除了表达动作的重复之外，还可以表达“追加”（有点像“还有、而且、也”的意思）。“又”表达追加义的例子包括以下这些（马真，2004：242）：

（70）刚才我买了一支笔，又买了一个本儿。

（71）他今天扫了地，又擦了桌子。

（72）下班后他不仅去看望了张老师，而且又到超级市场买了些吃的。

“再”字也不乏表达追加义的例子（马真，2004：244 ～ 245，255）：

（73）昨天我要是拍了护照相，再拍一张生活照就好了。

（74）当时你买了上衣，再买条裙子就好了。

（75）吃了螃蟹再吃柿子，那会拉肚子的。

这些表示追加的句子在相对的英语句子中都不能用 again 来表达。另外像“他又哭又闹，把我烦死了”，以及“你先走吧，我待会再给你打电话”这种更不用说，与 again 就离得更远了。因此与其为了重复义和复原义在句法上特别处理，倒不如说这些都是它们的词汇语义。或许所谓的复原义的“又、再”可以视为追加义的一种或它的延伸。至少有一些例子可以如此解释，但如何更完善地说明“又、再”有哪一些词义，为什么有这些词义（且只有这些词义）等深入的问题，则寄望于今后进一步的研究了。

参考文献

蔡维天 . 2013. 从生成语法看汉语蒙受结构的源起 // 吴福祥，邢向东 . 语法化与语法研究（六）. 北京：商务印书馆 .

蔡维天 . 2016. 别闹了，余光中先生！——从生成语法的角度检视语言癌之生成 // 何万顺，蔡维天，张荣兴，徐嘉慧，魏美瑶，何德华 . 语言癌不癌？语言学家的看法 . 台北：联经出版事业公司 .

冯胜利 . 2005. 轻动词移位与古今汉语的动宾关系 . 语言科学，（1）：3-16.

冯胜利，蔡维天，黄正德 . 2008. 传统训诂与形式句法的综合解释——以“共、与”为例谈“给予”义的来源及发展 . 古汉语研究，（3）：2-13.

黄正德 . 2008. 从“他的老师当得好”谈起 . 语言科学，（3）：225-241.

黄正德，柳 娜 . 2014. 新兴非典型被动式“被 XX”的句法与语义结构 . 语言科学，（5）：225-241.

马 真 . 2004. 现代汉语虚词研究方法论 . 北京：商务印书馆 .

梅 广 . 2003. 迎接一个考证学和语言学结合的汉语语法史研究新局面 // 何大安 .“古今通塞：汉语的历史与发展”第三届国际汉学会议论文集 . 台北：“中央研究院”语言学研究所筹备处 .

梅 广 . 2015. 上古汉语语法纲要 . 台北：三民书局 .

Barss, Andrew & Howard Lasnik. 1986. A note on anaphora and double objects. *Linguistic Inquiry* 17:347-354.

Beck, Sigrid & Kyle Johnson. 2004. Double objects again. *Linguistic Inquiry* 35:97-123.

Cheng, Lisa L.-S., C.-T. James Huang, Y.-H. Audrey Li, & C.-C. Jane Tang. 1997. Causative compounds across Chinese dialects: a study of Cantonese, Mandarin and Taiwanese. *Chinese Languages and Linguistics* 4:199-224.

Cheng, Lisa L.-S., C.-T. James Huang, Y.-H. Audrey Li, & C.-C. Jane Tang. 1999. Hoo, hoo, hoo: syntax of the causative, dative, and passive constructions in Taiwanese. In Pang-Hsin Ting, *Contemporary Studies on the Min Dialects—Journal of Chinese Linguistics Monograph* 14. Berkeley, CA, USA : Project on Linguistic Analysis, University of California.146-203.

Davidson, Donald. 1967. The logical form of action sentences. In Nicholas Rescher, *The Logic of Decision and Action*. Pittsburgh: University of Pittsburgh Press. 81-95.

Dowty, David. 1979. *Word Meaning and Montague Grammar*. Dordrecht: Reidel.

Feng, Shengli. 2015. Light verbs between modern and classical Chinese. In Audrey Li, Andrew Simpson, and Dylan Tsai, *Chinese Syntax in a Cross—Linguistic Perspective*. Oxford: Oxford University Press. 229-250.

Fodor, Jerry. 1970. Three reasons for not analyzing kill as cause to die. *Linguistic Inquiry* 1:429-438.

Hale, Ken & S. Jay Keyser. 1993. On the argument structure and the lexical expression of syntactic relations. In Ken Hale & S. Jay Keyser, *The View from Building 20: Essays in Linguistics in Honor of Sylvain Bromberger*. Cambridge, MA: MIT Press. 53-109.

Hale, Ken & S. Jay Keyser. 2002. *Prolegomenon to a Theory of Argument Structure*. Cambridge, MA: MIT Press.

Halle, Morris & Alec Marantz. 1993. Distributed morphology and the pieces of inflection. In Ken Hale and Samuel Jay Keyser, *The View from Building 20: Essays in Linguistics in Honor of Sylvain Bromberger*. Cambridge, MA: MIT Press. 111-176.

Harley, Heidi. 1997. If you have, you can give. In Brian Agbayani and Sze-Wing Tang, *Proceedings of the 15th West Coast Conference on Formal Linguistics*. Stanford, CA: CSLI Publications. 193-207.

Harley, Heidi. 2002. Possession and the double object construction. *Yearbook of Linguistic Variation* 2:29-68.

Harley, Heidi. 2012. Lexical decomposition in modern syntactic theory. In Markus Werning, Wolfram Hinzen & Edouard Machery. *The Oxford Handbook of Compositionality*. Oxford: Oxford University Press. 318-350.

Huang, C.-T. James. 1988. *Wo pao-de kuai* and Chinese phrase structure. *Language* 64:274-311.

Huang, C.-T. James. 1994. Verb movement and some syntax-semantics mismatches in Chinese. *Chinese Languages and Linguistics* 2:587-613.

Huang, C.-T. James. 1997. On lexical structure and syntactic projection. *Chinese Languages and Linguistics* 3:45-89.

Huang, C.-T. James. 2006. Resultatives and unaccusatives: a parametric view. *Bulletin of the Chinese Linguistic Society of Japan* 253:1-43.

Huang, C.-T. James. 2010. Lexical decomposition, silent categories, and the localizer phrase. *Yuyanxue Luncong* 语言学论丛 39: 86-122.

Huang, C.-T. James. 2015. Syntactic analyticity and parametric theory. In Audrey Li, Andrew Simpson, & Dylan Tsai, *Chinese Syntax in a Cross-Linguistic Perspective*. Oxford: Oxford University Press. 1-48.

Jespersen, Otto. 1965. *A Modern English Grammar on Historical Principles, Part VI, Morphology*. London: George Allen and Unwin Ltd.

Kayne, Richard. 1984. *Connectedness and Binary Branching*. Dordrecht: Foris.

Kayne, Richard. 1994. *The Antisymmetry of Syntax*. Cambridge, MA: MIT Press.

Kratzer, Angelika 1996. Severing the external argument from its verb. In Johan Rooryck and Laurie Zaring, *Phrase Structure and the Lexicon*. Dordrecht: Kluwer.109-137.

Larson, Richard. 1988. On the double object construction. *Linguistic Inquiry* 19:335-391.

Levin, Beth. 1999. Objecthood: an event structure perspective. *Proceedings of CLS 35, Volume 1: The Main Session*. Chicago: Chicago Linguistic Society. 223-247.

Li, Yen-Hui Audrey. 2011. Non-canonical objects and case. *Korea Journal of Chinese Language and Literature* 1: 21-51.

Lin, T.-H. Jonah. 2001. *Light Verb Syntax and the Theory of Phrase Structure*. Ph.D. dissertation, University of California, Irvine.

Liu, C.-S. Luther. 2014. Manner adverbs as predicate of the target state argument in Chinese. Ms., Taiwan Chiao Tung University.

Marantz, Alec. 1984. *On the Nature of Grammatical Relations*. Cambridge, MA: MIT Press.

Marantz, Alec. 1997. No escape from syntax: don't try morphological analysis in the privacy of your own lexicon. *University of Pennsylvania Working Papers in Linguistics*, 4:201-225.

McCawley, James D. 1968. Lexical insertion in a transformational grammar without deep structure. *Proceedings of CLS* 4. Chicago: Chicago Linguistic Society. 71-80.

Newmeyer, Frederick. 1996. *Generative Linguistics: A Historical Perspective*. New York: Routledge.

Parsons, Terence. 1990. *Events in the Semantics of English: A Study in Subatomic Semantics*. Cambridge, MA: MIT Press.

Rappaport Hovav, Malka & Beth Levin. 2001. An event structure account of English resultatives. *Language* 77: 766-797.

Richards, Norvin. 2001. An idiomatic argument for lexical decomposition. *Linguistic Inquiry* 32: 183-192.

Ross, John R. 1972. Act. In Donald Davidson & Gilbert Harman, *Semantics of Natural Languages*. Dordrecht: D. Reidel and Company. 70-126.

von Stechow, Arnim. 1995. Lexical decomposition in syntax. In U. Egli, P. E. Pause, C. Schwarze, A. v. Stechow & G. Wienold, *Lexical Knowledge in the Organization of Language*. Amsterdam: John Benjamins. 81-118.

Argument Structure, Lexical Decomposition, and Light Verb Syntax

Huang, C.-T. James

Department of Linguistics, Harvard University

Beijing Language and Culture University

Abstract: This paper provides a review of the background and recent developments in the theory of lexical decomposition and light verb syntax, highlighting the results of some works (in English and Chinese) that have aided our understanding of the complex nature of simplex predicates, word order and syntactic constituency, the position of applicative and non-canonical arguments, the scope of adverbial modification, and the mapping between lexical semantics and syntactic structure. The final section includes some preliminary remarks on sub-lexical modification by adverbs in Chinese and the problem of deriving the appropriate readings.

Keywords: lexical decomposition; light verb; simplex predicate; applicative argument; non-canonical argument; sub-lexical adverbial modification

黄正德

哈佛大学语言学系 / 北京语言大学

ctjhuang@fas.harvard.edu

“声母参重”的语音及音系理据 *

——兼论汉语介音能否参重

谢丰帆

摘　要　本文首先回顾音系学界围绕“音系重量”的相关讨论，简介以音节为本（如“莫拉理论”）及不以音节为本的理论（如“韵律间隔理论”），并对其在跨语言现象，尤其是“声母参重”现象方面的解释力做比较。其次讨论声母参重的语音基础，简介从感知及构音层面来解释声母参重现象的理论（如“感知中心”与“耦合振荡器模型”等）。本文从构音动态的角度来分析声母参重现象。根据电磁构音记录仪取得的构音动态数据，汉语普通话的介音会呈现“辅音丛”的构音特征，而辅音丛正是声母参重现象的主要动因之一。准此，笔者认为近来学界所提出的“古代汉语介音能增加音系重量”假设并非向壁虚构，有其语音及音系理据的支持。本文也针对上古汉语与现代汉语在介音参重现象的差异提出初步的推测，并提出介音参重现象“或许可能存在”于现代汉语拟声词的AABB重叠式中。

关键词　音系重量　声母参重　介音　构音动态

*　感谢冯胜利教授鼓励撰写本文及匿名评审，感谢张月琴教授与李果教授的宝贵意见。若有谬误，文责自负。本文为台湾吴大猷先生纪念奖研究计划（编号：MOST 103-2410-H-007-036-MY3）的部分研究成果。

1. 前言

“声母参重”系指声母（onset）会增加“音系重量”[①]（phonological weight）的现象。所谓的音系重量，基本上就是划分人类语言音系现象中所谓的“轻”“重”的对比尺度。重音节相对于轻音节有其“优先权”，例如许多语言里单音节词只能是重音节，而轻音节不能单独成词（亦即“最小词限制条件”，minimal word constraints）。又如当轻、重音节同时出现时，重音节会优先取得重音。诗歌节律亦复如此，轻、重音节相互交错以达成抑扬顿挫的效果。Ryan（2016）列举了下列会受到音系重量影响的语言现象：重音、诗律、最小词限制条件、声调允准条件（tone licensing）、补偿性延长（compensatory lengthening）、音节结构制约、同位词素（allomorph）、重叠式以及句法组合语序（constituent order）等。尽管大多数语言的音系重量呈现两元对立（“轻”与“重”），但至少就重音指派（stress assignment）而言，目前已知最多的对立达到四阶——CVVC ＞ CVV ＞ CVC ＞ CV（“＞”表“重于”），是位于西非的 Pulaar 语〔属尼日尔—刚果语系（Niger-Congo），参见 Niang（1997），转引自 Wiltshire（2006）〕。特别值得一提的是，Gordon（2006）指出音系重量并不一定会无差别地运用于某一语言的所有相关现象。举例来说，马拉雅拉姆语（Malayalam）的 VC 韵母可能在重音指派时是轻音节，但转到诗律及最小词限制条件时就视为重音节了。本文主旨是介绍音系学界处理音系重量的几个理论架构，及其如何解释声母参重的现象，并介绍声母参重在听觉感知及构音层面的相关解释模式。最后，就汉语而言，依据目前已知的汉语普通话介音构音动态的实验数据，笔者认为最近学界提出的“上古汉语介音参重”假设实有其语音及音系层面的理据支持，应属可信。此外，本文也指出介音参重的效应或许可能存在于现代汉语拟声词的 AABB 重叠式中。总此，撰写本文的主要目的还是抛砖引玉，希望能引发学界更多的相关讨论。

2. 声母参重面面观

我们从教科书上所学到的“经典理论”就是声母排除于音系重量之外（如 Kenstowicz，1994）。假设任一语言的三个音节——skra、ska 与 ka，就音系重量而

---

① 通常称为“音节重量”（syllable weight），但由于本文也会讨论不以音节为本的理论，因此还是使用“音系重量”一词，以避免误解。

言，由于韵核（nucleus）只有一个短母音 a，所以都应该是所谓的“轻音节”（light syllable）。具体反映到个别的音系现象，例如在指派重音时，以上的三个轻音节均无差别，似乎不会因为声母音段数较多而使 skra 具备重音指派的优先权。准此，为何英语 Cánada 重音落在倒数第三音节，而 agénda 的重音落在重音节 gen 上，便不难理解了。因为 gen 的韵母有两个音段，属于重音节，因此优先取得重音（亦即所谓的“重音对应重量原则”，Stress-to-Weight Principle）。相较之下，Cánada 由三个轻音节组成，在没有重音节的情况下，英语基本遵循“拉丁重音规律”（Latin Stress Rule），重音落在倒数第三音节上。

音系重量是以韵核含有的成分“个数”来决定的 。音系学家把上述的“个数”形式化为如同音系表达式里的“莫拉”（mora，或译为“音拍”“韵素”等）这样的韵律层级单位（prosodic unit）①。莫拉独立于“音段层”（segmental tier）之外，形成所谓的“计时层”（timing tier）。在计时层里，重音节有两个莫拉，轻音节有一个莫拉。以莫拉个数（mora count）来定义音节轻重（音系重量）便广为学界接受。图（1）列出了两种较为普遍采用的莫拉表达式。其中 Hayes（1989）应为目前大多数音系学家所接受的“标准理论”。

（1）两种莫拉表达式的比较

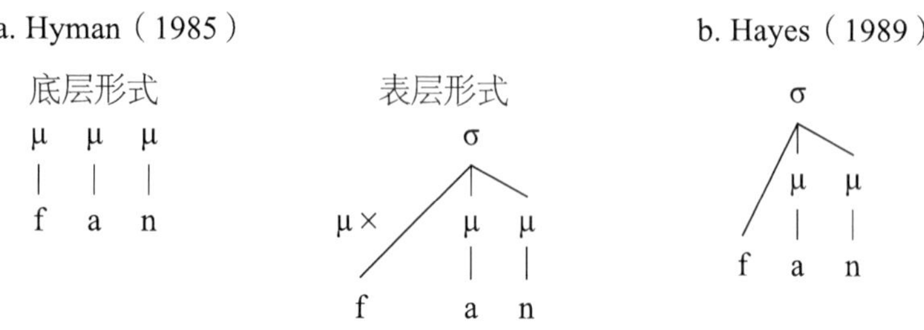

〔按：μ× 表示因离群删除条件（stray erasure）而删除的莫拉。〕

然而，上述的“经典”理论，无论是（1）a 还是（1）b，严格来说，都仅止于描述，并非真正的解释。因为我们是以观察到的语言现象（亦即：一般来说，声母并不参重）来推定只有韵母参重，进而提出莫拉等韵律单位以区别轻重音节。但这并没有解释声母不参重的真正动因为何。如果声母不参重正是因为人类语言所展现的现象规律便是如此，这种说法实难逃循环论证之嫌，不易令人信服。更进一步说，倘若有实际语料证明声母的确会增加音系重量，随之而来的问

① 类似的架构还有“X- 空位”理论（X-slot theory）等，因无关本文宏旨，忽略不论。

题就会更为棘手：声母为何有时参重，有时不参重？例如 Yupho（1989）（转引自 Topintzi，2010）就提到泰国南部的北大年马来语（Pattani Malay）有如 buwɔ́h “水果”以及 bːúwɔh “生长（水果）”这样的“准最小区别对”，证明了位于字首的双子音（geminates）确能自行吸引重音。因此，这样的语料对（1）所展示的莫拉理论构成了不小的挑战。对于这个问题，Topintzi（2010）的看法可简述如下：既然韵尾可带或不带莫拉〔亦即 moraic coda 与 non-moraic coda 的区别；亦可参见 Broselow，et al.（1997）〕，自也无理由禁止声母带莫拉的可能性（亦即 moraic onset 可能存在）。在优选论的分析架构下，声母参重与否便可分析成如同 moraic onset “声母必带莫拉”这样的标记性制约（markedness constraint）的排序高低所致：倘若 moraic onset 的排序相对较低，为其他制约所压制，结果就是声母不参重；反之亦然，如果“声母必带莫拉”的排序较高，则预测声母必带莫拉，也就是会发生声母参重的现象。

平心而论，“声母必带莫拉”的确是一个逻辑上的可能性，但是提出“声母必带莫拉”这样的制约其实也没有真正地解释为何声母能参重，正如同对前述“韵母参重”的批评一样。且单凭制约排序高低来解释声母参重与否也确实不易令人满意。然而，更重要的是，最近的研究结果显示，即便“声母必带莫拉”这样的制约也不易解释以下的语言事实。首先，Steriade（2012）引用 Karvonen（2008）提到的芬兰语重音指派现象，指出V. V有可能会比V.CV还轻。也就是说，芬兰语的次重音〔secondary stress，本文以钝音符（grave accent）表示〕会“躲避”V.V 这样两个元音相邻的结构。试比较 kó.les.to.rò.li “胆固醇”与 té.le.vì.si.o “电视”这样的区别对（请注意：并不是 *télevisì.o，亦即次重音会避免落在旁边是无声母音节的音节上）。因此，虽然芬兰语的语料告诉我们声母的确可能会吸引重音，但不是由于 Topintzi（2010）所预期的“声母必带莫拉”效应使然。因为 $V_1.CV_2$ 的声母 C 即便是带莫拉，也与前一音节 V_1 的重音并不相关：V_1 与声母 C 属于不同音节，因此，带莫拉的声母不可能使得另外一个音节获得重音。

Steriade（2012）则认为芬兰语的重音指派现象可由“韵律间隔理论”（Interval Theory of Weight，简称“ITW”）来解释。其与（1）所述的莫拉理论最大的不同在于：ITW 不采用以音节为本的定义，而是假设前一元音到后一元音之间的韵律间隔（interval）方为计算音系重量的范域。举例来说，英语的 cómplex 在以音节为本的分析里，com 是重音节；但在以韵律间隔为本的分析里，ompl 形成一个韵律间隔，由于另一个间隔是 ex/eks，因此根据（2）所列的等级，重音应落在 ómpl 上（由于 ompl 比 ex/eks 重，因此 ompl 优先取得重音）。换言之，Steriade（2012）的韵律间隔理论是以两元音间的音段个数〔严格来说应是"音长"（phonetic duration），请见下文〕为计算音系重量的基准。还值得一提的是，ITW 理论容许多于二元对立的音系重量等级，更符合普遍的跨语言趋势。

（2）不同音系重量的韵律间隔

VCCC > VCC > VC > V（">" 表"重于"）

准此，韵律间隔理论成功预测了芬兰语 VV 应比 VCV 的音系重量来得轻。因为根据（2）所列出的等级，VC 重于 V，所以重音会避开 V.V，也就是说，次重音移到音节 vi 上：té.le.vì.si.o"电视"。同样有趣的是，Steriade（2012）还分析了亚里斯多德时代的古希腊语诗律把 aksa 视为比 akra 还"重"的现象，也就是说 aksa 的第一个元音比 akra 的第一个元音更能吸引重音。对以音节为本的分析而言，有两种可能性：首先假设这两个例子音节划分分别为 ak.sa 与 a.kra，由于前者的 ak 是带两个莫拉的重音节，因此 ak.（sa）的第一个音节的确比 a.（kra）的第一个音节更能吸引重音。然而，根据"声母极大化原则"（Maximal Onset Principle），这两个例子的音节划分应为 a.ksa 与 a.kra（请注意：ks 与 kr 都是古希腊语允许的声母辅音丛）。以音节为本的音系重量理论并不容易解释为何 a.ksa 的第一个音节会比 a.kra 的第一个音节更能吸引重音，因其第一个音节都是轻音节，音系重量理应等同。就韵律间隔理论而言，古希腊语的 ks 与 kr 虽然音段个数相同，但就实际音长而言，ks 比 kr 的音长还长应无疑议。因此，比起 akra，重音更倾向落在 aksa 的第一个元音上：ak_s > akr〔">" 表"重于"，底线表"较长的音长"，参见（2）所列的等级〕。走笔至此，读者应不难理解韵律间隔理论为芬兰语及古希腊语的重音指派现象提供了一个一以贯之的解释。相较之下，以音节为本的音系重量理论则会遭遇不小的挑战。[①]

其实在人类语言里，上述芬兰语与古希腊语的现象并不是孤例，即便是大多数人较为熟知的语言，如 Hirsch（2014）的假字实验结果便显示，对英语语

① 关于古希腊语的语料，对 Topintzi（2010）的"声母必带莫拉"这样的制约而言，有一个合理预测是 a.kra 比 ak.sa 更"重"才是（kr 的音段数多于 s），也就是 kra 应该比 sa 更能吸引重音。但据笔者所知，这似乎没有实际语料的支持。而音节划分如果是 a.kra 与 a.ksa 的话，"声母必带莫拉"应无法有效区别 kr 与 ks 的不同。

者而言，相较于 CVCVC（keefoos），CVCCVC（keefloos）的重音更容易落在第一个元音上。[①] Kelly（2004）的假字实验结果也显示，如果实验的假字以辅音丛（consonant cluster）起始，英语语者更倾向于把重音放在字首的位置。例如，bróntoon 会比 brontóon 更常出现。相较之下，以单声母起首的 bontoon 便没有这样的差异。但请注意 Kelly（2004）与 Steriade（2012）的韵律间隔理论不相容，因为位于字首的声母并不在韵律间隔之内（如：C_IVCCV 的字首 C_I，画底线的部分才是韵律间隔）。我们将于第 3 节再行讨论如何调和两者的差异。

语料库的数据统计结果也呼应上述的趋势：字首的音段个数越多，越容易吸引重音落在字首，例如：stratum > blossom > canal。此外，Ryan（2014）在类似的英语假字实验以及语料库研究里得出了相同的结论，且其更发现俄语亦复如此：声母音段个数的多寡也与重音成正相关。总此，无论是语料库还是实验结果都核实了声母参重不仅是事实存在的现象，而声母音段个数（onset size）与重音指派直接相关应也是无甚疑议的。

最后，必须强调的是，Steriade（2012）的韵律间隔理论其实与经典的莫拉理论在基本精神上是不相冲突，甚至说是并行不悖的，因为把莫拉个数转到语音的层面就约略等同于“音长”。例如在 Broselow, et al.（1997）对于印地语（Hindi）、马拉雅拉姆语以及三种阿拉伯语方言（埃及、黎巴嫩与叙利亚三地的语言）的声学实验结果显示，共享的莫拉（shared mora，例如：[an] 共享一个莫拉）在韵核元音的音长上的确短于不共享的莫拉（例如：[a] 独占一个莫拉）。而带三个莫拉的超重音节（superheavy syllable）也比带两个莫拉的重音节的音长长，重音节比带一个莫拉的轻音节长。此外，还必须提及的是，Gordon（2006）更进一步论

---

① 必须同时说明的是，Ryan（2016）也提及 Ojearczuk & Kapatsinski（2016）的英语实验结果及 Garcia（待刊）的葡萄牙语实验结果与 Steriade（2012）的韵律间隔理论所预测的有所差异。虽然这很可能是由于实验设计不同等因素所致，但目前只能冀望未来有更多的研究能加以厘清。不过，上述问题与本文的中心论点（音长与音系重量的关联）并无直接关系。

另外，有一位审查者认为 keefloos 更有可能的音节划分是 keef.loos。只是，Hirsch（2014）也要求受试者对假字刺激项进行音节划分的判断，其中 87% 的受试者选择 kee.floos，并非该审查者所宣称的 keef.loos（仅占 11%）。此结果也与声母极大化原则的预测基本相符，而 ee 代表紧元音（tense vowel），也应不会有如 city、lemon 等例子里“松元音（lax vowel）能否出现于开音节”的疑虑。况且，kee 与 keef 都只能带两个莫拉，音系重量相同，应无法有效区别其差异。最后，同一位审查者还提出了 Kelly（2004）的假字刺激项 bontoon 可能会受到真字 pontóon 的重音位置干扰的可能性，但 bontoon/brontoon 只是 Kelly（2004）所用的 48 组假字的其中之一。

证了“响度”（sonority）也会增加音系重量〔其他相关因素详见该书以及 Gordon（2005）更多的讨论〕。因此，我们可基本认定“音长”与“响度”是音系重量的两个较为常见的主要声学特征。

3. 声母参重在听觉感知层面的理据

除了上节提及的 Gordon（2005，2006）等相关研究以外，近来 Ryan（2014）则认为声母参重的现象可由所谓的“感知中心”（Perceptual center，略称为“P-center”）的落点来解释。感知中心的提出，始于 Fraisse（1974）及 Morten，et al.（1976）针对言语韵律所进行的感知实验里发现的现象：实验者要求受试者将音节与节拍器“合拍”，经过一段时间以后，受试者就会开始将所谓的感知中心与节拍器所发出的节拍合在一起。对这样的实验结果的一个诠释便是受试者认为感知中心才是音节的起点。值得注意的是，感知中心并不是落在音节或是声母的起始点，也不是落在韵核的起始点，而是会随着声母音段个数的增加，逐渐远离韵核。典型的感知中心分布情形约略如图（3）a所示，其中虚线表示感知中心，实线表音段分界〔更多相关细节请见 Ryan（2014）及其所引文献〕。

（3）感知中心（P-center）示意图

a. 典型的感知中心落点

b. Chow，et al.（2015）粤语实验结果

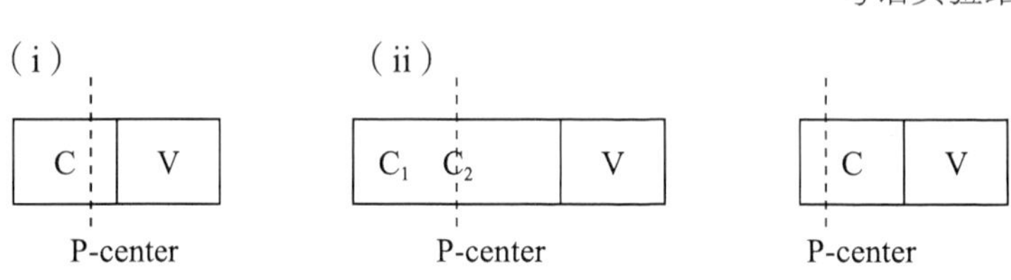

Ryan（2014）于是提议感知中心才是计算“音节重量”的起点，也就是说：CCCV > CCV > CV（“>”表“重于”）。此提议也是基于前述“音长会增加音系重量”的普遍设想。而 Hirsch（2014）则进一步建议，也许可以将 Steriade（2012）提出的韵律间隔的起点设为感知中心，而不是元音〔参见（2）所示〕。如此一来，位于字首的辅音丛也可能参重。依照原来的设定，韵律间隔并不包含字首辅音丛，例如上述 Kelly（2004）假字实验的 brontoon 只有 ont 与 oon 这两个韵律间

隔。但如果根据 Hirsch（2014）的建议，ront 应也会成为第一个韵律间隔，因为（3）a-ii 的 P-center 出现在 C_2。

最后必须提出的是，就个人所知，感知中心的相关实验结果也不完全是“放诸四海而皆准”的。比如最近 Chow, et al.（2015）中的实验，其结果便显示粤语语者的感知中心并不如图（3）a-i所示。相反地，这些粤语受试者的感知中心却倾向于与声母起始对齐〔图（3）b〕。笔者以为 Chow, et al.（2015）的实验结果或多或少地削弱了感知中心为本的解释模式。原因如下：若与印欧语为主的（3）a-i 比较，（3）b 中粤语的 P-center 到元音结尾之间的音长更长。因此合理推测粤语声母参重的现象应该更为显著才是，惟似与事实不符。当然，（3）b 可能是因为粤语没有辅音丛所致（请参见第 5 节的讨论）。无论如何，这些问题都超出了本文范围，有待日后进一步地研究感知中心是否真的会受到个别语言音系结构的影响。

4. 声母参重在构音层面的理据

本节则是从构音的视角来探讨声母参重的理据。近年来构音音系学派（articulatory phonology）提出了“耦合振荡器模型”（coupled oscillator model），试图以构音单位间的协调作用（gestural coordination）来解释音节的内部结构关系（Nam & Saltzman, 2003；Nam, et al., 2009）。质言之，本模型假设声母与韵核元音是同步起始（称为“同相位关系”，in-phase relation），而韵核元音与韵尾则不是如此，韵核元音并不与韵尾同步产生，而是以一前一后的线性次序产生的（称为“反相位关系”，anti-phase relation）。必须特别强调的是，上述的构音协调关系绝非偶然：首先，言语（speech）必须呈现从左到右时间上的线性关系，因此，CV 必早于 VC 执行。其次，同相位关系（完全同步）又是最稳定的振荡器（意指“构音单位”[①]）间的耦合关系。所以，可合理推断出如图（4）所呈现的区别。其中，每个方框代表一个构音单位（如发舌尖塞音 /t/ 时，从舌尖成阻、持阻到除阻的各阶段总和）。而同步产生是指代表 C 的构音单位与代表 V 的构音单位标的（target）在时间轴上同时出现，如（4）a 所示。相反地，（4）b 则表示 V 的构音单位与 C 的构音单位的标的在不同时点出现，换言之，VC 不是同步发生的。

① 构音单位（gesture）于此可约略等同于生成音系学派的“音系征性”（phonological feature），在语音层面的体现便是声道在特定部位不同程度的紧缩或狭窄。构音音系学派设定构音单位为音系或语音表达式的基本组成成分。

（4）耦合振荡器模型视角下的“次音节关系”

a. 声母与韵核元音同步产生（同相位关系） b. 韵核元音与韵尾先后产生（反相位关系）

本模型为人类语言里多为韵母参重的原因提供了一个比较妥切的解释。如图（4）所示，声母与韵核元音完全重叠，而韵核元音与韵尾基本不重叠。换言之，韵核元音与韵尾并不同步产生，因此 VC 音长必定长于 CV，亦即：V+C ＞ C+V（其中“＞”表“长于”）。又由于如第 2 节所述，无论何种理论，音节重量的计算基本上都是以“音长”为本，职是之故，韵母参重便是最自然、最合理的预测结果，也与普遍的语言事实相符。

更进一步说，如果声母多于一个，例如当声母是辅音丛的情形时，在“音长会增加音系重量”的设想下，本模型也不排除声母参重的可能性。首先，就辅音丛构音单位间的协调作用而言，在逻辑上有以下三种可能性，如图（5）所示（参见 Shaw，et al.，2009）。

（5）辅音间的构音协调模式

a. 向中对齐（C-center） b. 右向对齐 c. 左向对齐

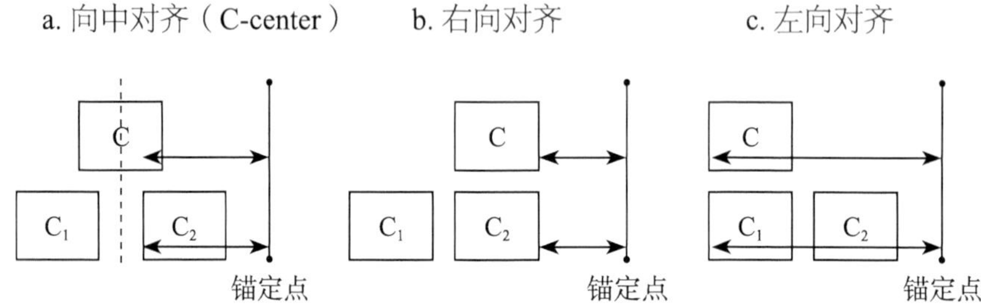

其中，图（5）所谓的“对齐”是以锚定点〔如后接元音或是辅音的构音标的（articulatory target）〕为基准来定义的。其中（5）a 所展现的“向中对齐”模式常见于如英语/sp-/和/pr-/等辅音丛（亦称为“C-center效应”）。也就是说，如图（5）a 所示，对于锚定点而言，由于 C_1 向左移动，而 C_2 向右移动，导致 C 与 C_1C_2 之间会有一条虚拟中线与锚定点对齐。（5）b 的右向对齐模式表示 C_1 被“挤出"C_2V音节之外。这里的C_1可等同于"音节化辅音"（syllabic consonant），如摩洛哥阿拉伯语中的 /ktab/ 表层音节化后为 [k.tab]"书"（Shaw，et al.，2009），或是"音节外辅音"（extrasyllabic consonant），如意大利语中"不纯的 S"（impure S）〔Hermes，et al.（2013）的构音实验结果显示意大利语与英语的 sC 在构音协调模式上显著不同〕。（5）c 的左向对齐模式在文献中较少讨论，但可合理推测，若 CV 与C_1C_2V约略等长，应是指C_2被"挤进"韵核元音 V 里，换言之，就是C_2与 V 的重叠程度较紧密。如果C_2是阻音（obstruent）的话，这样的情形的确不太可能出现：阻音与元音应不能形成属于同一韵核的"双元音"。也许正因如此，先前文献对此种可能性多存而不论。

如前所述，（5）a 向中对齐模式（C-center 效应）并不排除声母参重的可能性，理由很简单，因为在这种情况下，C_1C_2V的确比CV还长：C_1还是被稍微"挤出去"了一点。同理可证，（5）b 右向对齐模式也可能会引发类似的声母参重现象，特别是在第 2 节提及的 Steriade（2012）的韵律间隔理论及第 3 节 Hirsch（2014）提出的修正建议框架下：由于C. CV还是比CV长，因此C. CV还是比CV来得"重"。最后，本文认为（5）c 左向对齐模式应不会引发声母参重现象，主要是因为这种情形下的CCV与CV音长大致相同，没有区别，因此不存在CCV比CV还要"重"的可能性。

总此，构音层面对音系重量与声母参重的相关议题提供了有别于感知层面的分析模式。本文无意争论孰是孰非，但一个完整的解释最好是能结合构音与感知层面，不宜偏废任何一方。准此，下节以现代汉语介音的构音动态实验数据为例，讨论最近冯胜利（2016）及其他学者所提出的"古汉语介音也参重"的假设是否能得到前述语音或音系理据的支持。

5. 汉语介音能否参重?

冯胜利（2016）综合学界意见及自身观察所得，提出上古汉语介音可能参重的假设。虽然就现代汉语的音系现象而言，应无人反对介音并不会增加音系重量的事实（但请见第 6 节的可能反例）。只是，如果上古汉语的音系结构与现代汉语有所差异，比如有辅音丛（/st-/ 和 /pr-/ 等）存在的话，那么第 2 节所述的声母参重现象便不是不可能发生了。同理可证，如果 CG（V）（声母为辅音加介音）

结构的音长也较 C（V）来得长的话，那么自然也可合理推论“介音参重”并不是不可能发生的了。

我们知道介音的问题一直都是汉语语音音系学界讨论的焦点之一。至目前为止，基本上可谓已经穷尽了各种可能的心理语言学实验方法，而结果却常是相互矛盾的。本文不另一一详述前人研究细节，请参见 Myers（2015）对相关文献的回顾整理。笔者于此提供构音动态的数据，试图换个角度探讨介音归属的相关议题。首先，介音的音系地位应有以下几种逻辑可能：

（6）汉语介音的归属及其可能的语音形式

a. 介音属声〔辅音丛或次要构音（secondary articulation）〕

b. 介音属韵（双元音，diphthong）

c. 介音两属（a、b 或“介音双属”①）

d. 介音为独立的次音节结构

e. 没有次音节结构

其中（6）d 和（6）e 可排除不论：（6）d 源自中国古代韵书的说法，“介音”也因此得名，但无实证语料支持；（6）e 则来自不承认有音节结构的音系学派，或是如构音音系学派一样，认为所谓的“音节”或“次音节”结构其实是由其他独立的机制交互运作所得的“假象”。② 至于（6）a ～ c，基本可化约为以下三种可能性：

（i）辅音丛（CG）

（ii）次要构音（C^G：唇化音或颚化音，分别记作 C^w 以及 C^j）

（iii）双元音 ③（GV）

为了要测试这三种可能性，Hsieh，et al.（2016）使用电磁构音记录仪

① 本文的“介音两属”是指比如介音 /w/ 属于声母，而介音 /j/ 属于韵母的情形〔如 Gick（2003）关于美式英语滑音的研究〕。而“介音双属”是指如同“跨音节双属性”（ambisyllabicity）一般，介音同时属于声母与韵母的情形。虽然介音双属也是逻辑可能性之一，但是其可能的语音形式究竟为何仍有待进一步探究，暂且存而不论。

② 笔者其实较为认同构音音系学的看法，但有鉴于“属声属韵”是学界比较熟悉的用法，而且“属声属韵”也可对应到第 4 节叙述的耦合振荡器模型的个别构音单位的协调作用。因此，若无必要，本节不特别讨论不以音节为本的理论模型。

③ 严格来说，所谓的“双元音”可能是滑音与元音的组合，如 /ja/，但也有可能是两个元音的组合，如 /ia/〔请参见如 Marin & Goldstein（2012）的相关讨论〕。本文似无须讨论如此微细的区别。

（Electromagnetic Articulograph，简称“EMA”，实验中所使用的系统为 NDI Wave Speech Research System）来记录并分析汉语普通话以及台湾“国语”与介音相关的构音动态数据。EMA 技术可记录构音器官（如舌尖、舌根、上下唇等）的三维动态轨迹及速度，并可与音轨同步，为语音学界相对成熟的构音研究技术之一。为了能让对 EMA 不熟悉的读者更好地理解此技术，图（7）为一范例，展示了一名汉语普通话年轻女性语者（汉族，黑龙江人）所录制的与介音相关的部分原始动态轨迹图。

（7）电磁构音记录仪的构音动态数据范例〔取自表（8）的 S2 发音人〕

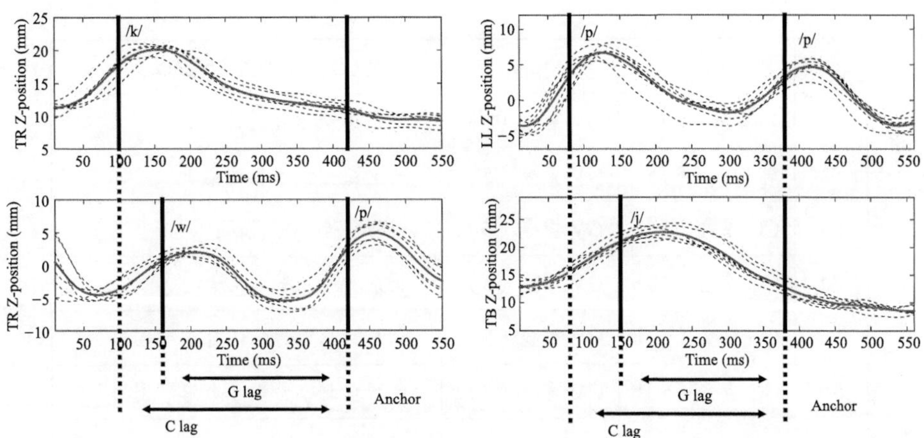

说明：左图表 /kw-/（如“瓜”字），右图表 /pj-/（如“憋”字）的动态数据。两图最右边的/p/即所谓的Anchor〔图（5）的锚定点〕。图例：X轴表时间（毫秒），Y 轴为 Z-position，指粘贴于构音器官的纵向（高低）运动轨迹（毫米）。TR 表舌根，LL 表下唇，TB 表舌叶，虚线表单次发音数据，实线表其平均。粗黑纵向实线表某构音单位的标的，以感应器的切向速度（tangential velocity，上图无显示）来决定。C lag 表辅音声母的标的到锚定点的距离，G lag 表介音的标的到锚定点的距离，可参考 Goldstein，et al.（2009）。

我们从图（7）可以很容易地观察到，现代汉语普通话并不如赵元任先生（Chao，1934）所“感觉”的那样：辅音声母与介音几乎同步发生。[①] 至少就图

① 原文是：（当谈到“酸”这个字的发音时，）“...starts almost as soon as the tongue leaves the [s]-position without leaving any appreciable duration for the [u] or [w] to stand alone”。（Chao，1934：42）

（7）的发音人 S2 而言，无论是 /kw-/ 还是 /pj-/，辅音声母与介音很明显都不是同步发生的，用肉眼观察 C lag 与 G lag 之间都至少有 50 毫秒的差距（约略等同于辅音声母 C 与介音 G 之间的距离）。当然，原始数据必须量化处理，Hsieh，et al.（2016）依据 Goldstein，et al.（2009）的分析方法，得出（8）的实验结果。这里必须强调的是，图（7）的原始数据与分析后列于表（8）的实验结果并不能直接对应与诠释。实验及分析细节另请参见 Goldstein，et al.（2009）及 Hsieh，et al.（2016），于此不赘述。

（8）汉语普通话与台湾“国语”介音实验的部分结果比较（Hsieh，et al.，2016）

	/kw-/	/pj-/	发音人（均为 25 岁以下）
S1	辅音丛（5）a	GV 重叠（5）c	北京男性（普通话）
S2	辅音丛（5）a	GV 重叠（5）c	黑龙江女性（普通话）
S3	CG 重叠（5）b	GV 重叠（5）c	山西男性（普通话，亦谙晋语）
S4	CG 重叠（5）b	GV 重叠（5）c	北京女性（普通话）
S5	CG 重叠（5）b	GV 重叠（5）c	台湾新北市男性（台湾“国语”）
S6	CG 重叠（5）b	GV 重叠（5）c	台湾台北市女性（台湾“国语”）
S7	CG 重叠（5）b	GV 重叠（5）c	台湾苗栗县男性（台湾“国语”，亦谙闽南语）
S8	CG 重叠？①	GV 重叠（5）c	台湾台北市女性（台湾“国语”）

从表（8）我们可以看到 /pj-/ 很规律地都是显示 GV 重叠的格局〔如（5）c 所示〕，也就是说，/j/ 介音在此环境下应该是“属韵”，是韵核的一部分。而 /kw-/ 的结果比较有分歧，S1（北京人）与 S2（黑龙江人）呈现的是辅音丛的特征，也就是（5）a 显示的向中对齐（C-center 效应）。② 而其他发音人的 /kw-/ 都呈现 CG 重叠的格局（5）b，可约略诠释为“次要构音”（唇化音，labialized /k/）的构音

① 这里的问号表示 S8 所展现的格局虽也可解读为 CG 重叠的格局，但与其他受试者有所不同。

② 有一位审查者质疑这里关于辅音丛的讨论，因为他 / 她认为另有以下的可能分析方式：“[t]he farther apart the glide is to the onset, the less necessary the onset weight is, because the glide is more likely to be part of rhyme [italics in original]”。但这种可能性基本就是（5）c 的左向对齐模式，与（5）a 呈现的向中对齐的 C-center 效应迥然不同。

特征。实验结果与 Gick（2003）的研究结论大致相符：美式英语的 /w/ 偏向声母（consonantal），/j/ 偏向韵核元音（vocalic）。[①] 最后，应附带提及的是，Hsieh，et al.（2016）的实验结果显示，即便是相同的结构（如 /kw-/）还是会呈现不同的构音特征〔如（8）所示的“辅音丛”或“次要构音”等〕，说明介音并不如前人研究所认为的那样均质且无个人或地域差异。

回归正题，汉语介音可不可能参重？Hsieh，et al.（2016）的实验结果业已表明，汉语普通话[②]辅音声母加介音的确有可能呈现辅音丛的格局〔表（8）的S1与 S2〕，因此，如前文所述，的确没有什么理由可“禁止”汉语介音参重的可能性。接下来的问题便是：学界为何会推论上古汉语有介音参重的可能，而现代汉语没有呢？[③] 有一个可能性也许是由于“纵聚合均一化”效应（以下简称“均一化效应”，英文为 Paradigmatic Uniformity，简称“PU”）使然：假设上古汉语确有如 /st-/ 和 /pr-/ 这样的辅音丛，那么很有可能 /kw-/ 和 /pj-/ 应语法系统里“均一化”的要求，在构音协调上也“被迫”一致性地呈现辅音丛的构音特征〔也就是（5）a 的 C-center 效应〕。进一步说，这也呼应了 Gafos（2002）的看法，他认为每种语言的构音协调模式都是特设的（language specific）。举例来说，格鲁吉亚语（Georgian）的 CC 辅音丛分得比较“开”，相形之下德语的 CC 辅音丛的重叠程度就较为“紧密”（Chitoran，et al.，2002）。准此，应可合理猜想，也许上古汉语的 C_1C_2 辅音如格鲁吉亚语一般，C_1 与 C_2 分得比较开，而由于均一化效应的缘故，导致介音与辅音声母的构音重叠程度变小，也就是说，CG 受到此影响后也分得比较开。此外，就感知层面而言，由于介音的响度仅次于元音，CG 音长拉长后更容易增加音系重量。前文业已提及，Gordon（2006）论证响度也会增加音系重

① Gick（2003）只研究了“滑音加元音”（GV）的结构，而不像 Hsieh，et al.（2016）还分析了“声母辅音加介音”（CG）的结构。按理美式英语的 CG 结构应是呈现辅音丛的构音特征（亦即 C-center 效应），但是目前似乎没有已知的相关研究。

② 笔者未发表的 EMA 实验结果也显示，台湾闽南语部分语者的 /j/ 介音也呈现辅音丛（C-center）的格局。而香港粤语的 /w/ 介音虽然是唇化音无疑（CG 重叠的格局），但 /j/ 介音却也呈现辅音丛构音特征。只是由于人数不足（目前仅有一位年轻女性语者的数据），尚待进一步验证。

③ 有一位审查者质疑“[t]he articulatory timing of modern Taiwan Mandarin says nothing about the articulatory timing of classical Chinese”。首先，（8）也包含汉语普通话的数据，列出台湾“国语”的相关数据是希望给读者更完整的面貌。其次，构音机制及其反映的音系现象，乃至于任何语言现象，与人种、时空等因素皆不相干，至少这是笔者所理解的生成语言学派的信念。

量，因此，以上的推论应属合理。同理可证，现代汉语介音参重倾向不明显的原因，可能就是古汉语“阻音—阻音”或“阻音—流音”辅音丛简化消失后，均一化效应由此减弱的缘故。

总之，基于现有的语音及音系理据，笔者认为上古汉语介音参重应不是不可能。而古代汉语的相关现象如诗律、重音、押韵或反切等，也不一定要采取同一套音系重量等级。学界对古代汉语有时介音参重，有时又不参重的观察，并不完全是矛盾无解的。笔者认为这反而是再度呼应了 Gordon（2006）的归纳总结：即便在单一语言里，不同现象也不一定会采用同一套音系重量等级。

6. 现代汉语介音参重的可能证据（代结语）

有一位审查者认为本文还是没有解释为何声母参重还是相对少见的现象。在此必须再度强调的是，一般也不认为英语有声母参重的现象，但其重音指派无论在语料库的数据统计还是假字实验中却都呈现“辅音丛参重”的显著趋势（Kelly，2004；Hirsch，2014；Ryan，2014 等）。况且，倘若 Steriade（2012）的韵律间隔理论正确的话，那么声母参重就不能说是罕见现象了，因为“韵律间隔”也包含声母的部分〔参见（2）〕。此外，正如 Gordon（2006）所论证的，音系重量的等级并不是无差别地应用于所有的音系现象。所以，我们不能排除汉语介音也许就声调允准条件而言不会增加音系重量，但在其他范围（例如诗律或饶舌歌等）却能观察到介音参重的可能性。笔者在这里提供一个可能的证据，希望能引发日后更多的相关研究。

现代汉语 ABAB 与 AABB 重叠式所表达的意义不同，例如，形容词“快乐快乐”与“快快乐乐”的区别应十分显著〔另请参见 Hsieh（2016）及其引用文献〕。然而拟声词 ABAB 与 AABB 重叠式却没有太大语义差异，例如,“叮当叮当”与“叮叮当当”就只有次数或动量多寡的区别而已。即便如此，笔者还是观察到虽然多数拟声词 ABAB 与 AABB 皆可，参见（9）a，但是有些拟声词似乎就缺乏 AABB 重叠式，这里以“？？”表示，参见（9）b。

（9）拟声词 ABAB 与 AABB 重叠式

a. ABAB/AABB 皆可：

（i）叮当/叮当叮当/叮叮当当，滴答/滴答滴答/滴滴答答，乒乓/乒

乒乒乓 / 乒乒乓乓，轰隆 / 轰隆轰隆 / 轰轰隆隆，咕咚 / 咕咚咕咚 / 咕咕咚咚，叮咚 / 叮咚叮咚 / 叮叮咚咚

（ii）叽呱 / 叽呱叽呱 / 叽叽呱呱

b. AABB比较不好：呱啦/呱啦呱啦/？？呱呱啦啦，哐啷/哐啷哐啷/？？哐哐啷啷，哐当 / 哐当哐当 / ？？哐哐当当，哗啦 / 哗啦哗啦 / ？？哗哗啦啦

必须强调的是，以上的观察是基于笔者及少数身边友人的语感。不过笔者以简体字在 Google 搜寻，结果显示（9）b 里的 AABB 基本都显著少于 ABAB；如果以繁体字搜寻，其结果差距更大。但笔者以简体字在百度搜寻，结果却没有显示出上述的趋势。而对于（9）a，Google 与百度则无明显差别。此外，在李镜儿（2007）研究现代汉语拟声词的专著里，其搜集的语料与笔者语感相反的有"哐哐当当"及"咣咣当当"两条①。所以，如果读者不认同笔者的语感，也许是地域或个人的差异所致。无论如何，由于实际语料数量过少，日后必须进行心理语言学实验来确定汉语语者是否真有如（9）所呈现的偏好。

先容笔者假设（9）的观察是正确的。由于这些例子都是拟声词，而声调与音节组成等因素也相似，因此，区别条件应就只剩一条：介音不能出现在 AABB 里的 AA〔参见（9）b〕，但可出现于 BB〔参见（9）a-ii〕。目前暂行分析如下：如果介音参重，那么 AA 便比 BB 重。又，如果词重音落在 BB 的话，如此一来便会形成"头轻脚重"的韵律问题，进而导致不合法或是合法程度降低。初步构想如（10）所示。请注意为了利于讨论及避免产生误解，下文还是使用主流的韵律音系学理论架构来展开论述。

（10）拟声词 AABB 重叠式的韵律合法性

a. 无介音或介音在 BB（头重脚轻）　b. 介音在 AA（头轻脚重）

{（gugu）（<u>dongdong</u>）} =（9）a-i　　？？{（guagua）（<u>lala</u>）} =（9）b

{（jiji）（<u>guagua</u>）}　　=（9）a-ii

（按：下划线表词重音音步，花括号表韵律词。）

由于拟声词没有内部形态句法结构，因此辅重原则或以信息熵（entropy）为

① 李镜儿（2007：242）还记录了"刮刮杂杂"这一条"反例"，但这应是拟态词，不是拟声词。

本的重音指派分析模式似乎不能直接适用〔参见如端木三（2016）等专著〕，目前只是暂时假设拟声词 AABB 式的词重音音步靠右。如前所述，初步观察结果是介音似乎只能出现在拟声词 AABB 式的“词重音”音步〔即（10）中加下划线的部分〕，这很可能就是因为介音参重，所以当非词重音音步出现介音（AA），而词重音音步（BB）音系重量又不够重（没有介音）时，就会造成该韵律结构的不合法或合法度降低。总此，可以说拟声词 AABB 式呈现以下的音系重量等级：CGV: > CV:/CVN（“>”表“重于”）。另外值得一提的是，如有不接受“？？哐哐啷啷”（kuangkuang-langlang），但接受“哗哗啦啦”（huahua-lala）的情形，笔者以为一个可能的解释是其个人音系重量的等级是 CGVN > CGV:/CV:/CVN[①]，所以只有“？？哐哐啷啷”（kuangkuang-langlang）这样的重叠形式有“头轻脚重”的问题。不过，这样的个人差异应不构成严重的问题，尤其是拟声词或拟态词基本上都不属于核心词汇的一部分，个人变异也许更为明显。

本文简介了目前语音音系学界关于音系重量与声母参重的各种理论模型，并对汉语介音参重的问题进行了初步讨论及推测。个人管见，必有思虑不周之处。无论如何，还是希望能够引发学界后续更多的相关讨论。

参考文献

端木三. 2016. 音步与重音 // 冯胜利，端木三，王洪君. 汉语韵律语法丛书. 北京：北京语言大学出版社.

冯胜利 . 2016. 上古汉语介音的韵素功能 . 国际中国语言学学会第 24 届年会（IACL-24），北京语言大学，7 月 17 日—19 日 .

李镜儿 . 2007. 现代汉语拟声词研究 . 上海：学林出版社 .

Broselow, Ellen, Chen, Su-I, & Huffman, Marie. 1997. Syllable weight: convergence of phonology and phonetics. *Phonology*, 14: 47-82.

Chao, Yuen Ren. 1934. On the non-uniqueness of phonemic solutions of phonetic systems. *Bulletin of the Institute of History and Philology, Academia Sinica*, 4: 363-397.

Chitoran, Iona, Goldstein, Louis, & Byrd, Dani. 2002. Gestural overlap and recoverability: articulatory evidence from Georgian. In C. Gussenhoven & N. Warner (eds.), *Laboratory Phonology 7*. Berlin: de Gruyter. 419-447.

① 根据 Wu & Kenstowicz（2015）的声学实验结果，汉语普通话的 CGVN 的确比 CGV: 与 CVN 的音长还要长，且达到了统计上的显著性。

Chow, Ivan, Michel Belyk, Vance Tran, & Steven Brown. 2015. Syllable synchronization and the P-center in Cantonese. *Journal of Phonetics*, 49: 55-66.

Fraisse, Philipe. 1974. Cues in sensori-motor synchronization. In L. E. Scheving, F. Halberg, & J. E. Pauly (eds.), *Chronobiology*. Tokyo: Igaku Shoin. 517-522.

Gafos, Adamantios I. 2002. A grammar of gestural coordination. *Natural Language and Linguistic Theory*, 20.2: 269-337.

Gick, Bryan. 2003. Articulatory correlates of ambisyllabicity in English glides and liquids. In J. Local, R. Ogden & R. Temple (eds.), *Phonetic Interpretation — Papers in Laboratory Phonology VI*. Cambridge: Cambridge University Press. 222-236.

Goldstein, Louis, Nam, Hosung, Saltzman, Elliot, & Chitoran, Ioana. 2009. Coupled oscillator planning model of speech timing and syllable structure. In G. Fant, H. Fujisaki & J. Shen (eds.), *Frontiers in Phonetics and Speech Science*. Beijing: The Commercial Press. 239-250.

Gordon, Matthew. 2005. A perceptually-driven account of onset-sensitive stress, 2005, *Natural Language and Linguistic Theory*, 23: 595-653.

Gordon, Matthew. 2006. *Syllable Weight: Phonetics, Phonology, Typology*. New York: Routledge Press.

Hayes, Bruce. 1989. Compensatory lengthening in moraic phonology. *Linguistic Inquiry*, 20: 253-306.

Hermes, Anne, Mücke, Doris, & Grice, Martine. 2013. Gestural coordination of Italian word-initial clusters: the case of “impure s”. *Phonology*, 30: 1-25.

Hirsch, Aaron. 2014. What is the domain for weight computation: the syllable or the interval? In J. Kingston, C. Moore-Cantwell, J. Pater, & R. Staubs (eds.), *Proceedings of the 2013 Meeting on Phonology*. Washington, D.C.: Linguistic Society of America. 1-12.

Hsieh, Feng-fan. 2016. Reduplication. In Rint Sybesma, et al. (eds.), *Encyclopedia of Chinese Language and Linguistics (Vol. 3)*. Leiden: Brill. 548-555.

Hsieh, Feng-fan, Li, Guan-sheng, & Chang, Yueh-chin. 2016. Temporal organization of onglides in Standard Chinese and Taiwanese Mandarin: a cross-dialectal study. *Journal of the Acoustical Society of America*, 140.4: 3107.

Hyman, Larry. 1985. *A Theory of Phonological Weight*. Dordrecht: Foris.

Kelly, Michael H. 2004. Word onset patterns and lexical stress in English. *Journal of Memory and Language*, 50: 231-244.

Kenstowicz, Michael. 1994. *Phonology in Generative Grammar*. Cambridge: Blackwell Publisher.

Marin, Stephania & Goldstein, Louis. 2012. A gestural model of the temporal organization of vowel clusters in Romanian. In P. Hoole, L. Bombien, M. Pouplier, C. Mooshammer, & B. Kühnert (eds.), *Consonant Clusters and Structural Complexity*. Berlin: De Gruyter. 177-203.

Morton, J., Marcus, S., & Frankish, C. 1976. Perception centers (P-centers). *Psychological Review*, 83, 405-408.

Myers, James. 2015. Stuck in the middle: Mandarin medials in articulation, parsing, and association. In Y. E. Hsiao & L.-H. Wee (eds.), *Capturing Phonological Shades Within and Across Languages*. Cambridge: Cambridge Scholars Publishing. 101-119.

Nam, Hosung & Saltzman, Eilliot. 2003. A competitive, coupled oscillator model of syllable structure.

Proceedings of the XVth International Congress of Phonetic Sciences, Barcelona: 15th ICPhS Organizing Committee.

Nam, Hosung, Goldstein, Louis, & Saltzman, Eilliot. 2009. Self-organization of syllable structure: a coupled oscillator model. In F. Pellegrino, E. Marsico, & I. Chitoran, *Approaches to Phonological Complexity*. Berlin: Mouton de Gruyter. 299-328.

Ryan, Kevin. 2014. Onsets contribute to syllable weight: statistical evidence from stress and meter. *Language*, 90.2: 309-341.

Ryan, Kevin. 2016. Phonological weight. *Language and Linguistics Compass*, 10: 720-733.

Shaw, Jason, Gafos, Adamantios, Hoole, Phil, & Zeroual, Chakir. 2009. Syllabification in Moroccan Arabic: evidence from patterns of temporal stability in articulation. *Phonology*, 26: 187-215.

Steriade, Donca. 2012. Intervals vs. syllables as units of linguistic rhythm. Handouts, Ealing, Paris.

Topintzi, Nina. 2010. *Onsets: Suprasegmental and Prosodic Behaviour*. Cambridge, U.K.: Cambridge University Press.

Wiltshire, Caroline R. 2006. Pulaar's stress system: a challenge for theories of weight typology. In J. Mugane, J. P. Hutchison & D. A. Worman (eds.), *Selected Proceedings of the 35th Annual Conference on African Linguistics*. Somerville, MA: Cascadilla Proceedings Project. 181-192.

Wu, Fei & Kenstowicz, Michael. 2015. Duration reflexes of syllable structure in Mandarin. *Lingua*, 164: 87-99.

A Critical Review of Recent Approaches to Onset Weight
—With Special Reference to the "Medial" (Onglides) in Chinese

Hsieh, Feng-fan

Institute of Linguistics, Taiwan Tsing Hua University

Abstract: This paper first reviews the discussions on phonological weight in the field of phonology, briefly introducing the syllable-based theories (e.g. "moraic theory") and non-syllable-based theories (e.g. Interval Theory of Weight, ITW). It compares how the theories explain the cross-linguistic phenomena, especially onset weight. Then, it discusses the phonological foundation of onset weight, briefly introducing the theory explaining the phenomenon of onset weight from the perceptual and articulatory layers (e.g. "perceptual-center" and the "coupled oscillator model"). This paper analyzes the onset weight from the dynamic articulatory perspective. Based on the dynamic data obtained from the electromagnetic articulograph, the articulation of the medial glides in Chinese shows features of consonant clusters, which is one of the major motivations for the phenomenon of onset weight. Consequently, I think the hypothesis that medial glides in Old Chinese can enhance phonological weight is not invented, but is supported by phonetics and phonetic system. This paper also makes a preliminary conjecture about the difference between Old Chinese and modern Chinese in terms of the enhancement of phonological weight of medial glides and puts forward that medial glides may exist in the AABB reduplication form of modern Chinese onomatopoeias.

Keywords: phonological weight; onset weight; the medial/prenuclear glides; articulatory kinematics

谢丰帆

台湾清华大学人文社会学院语言学研究所

ffhsieh@mx.nthu.edu.tw

韵律制约的被动句复指代词 *

唐文珊

摘　要　粤语和普通话的“畀 / 被”长被动句均容许内嵌动词后出现与句首主语同指的复指代词。过往学者虽然观察到长被动句复指代词的显形与否似有限制，可是其限制的具体情况和背后动因却鲜有人论及。本文指出长被动句中出现复指代词时，其后必须有频率短语 / 持续时间短语等额外成分；而额外成分的添加，并非为了拯救语法，或受语义驱使，而是韵律制约下的必然结果，是自然焦点与事件强调交互作用下的语言现象。

关键词　长被动句　复指代词　核心重音规则　强调焦点　韵律补偿

1. 引言

汉语长被动句与英语被动句的语法结构迥异，因此一直是汉语语法研究的一个重要语言现象。汉语长被动句的内嵌动词能指派格位，而且长被动句容许复指代词（resumptive pronouns）回指句首主语，因此与印欧语言的被动句大不相同。过往的

*　承蒙冯胜利老师提供意见，让笔者注意到复指代词在汉语长被动句中的强调作用，因此，笔者才能同时从自然焦点和强调焦点两个角度去解释复指代词后需要额外成分的复杂动因。本文部分内容曾在第三届和第四届韵律语法研究国际研讨会上发表，期间获得众多老师的建议，促使笔者去深化和修正论述。本文若仍有错漏，实为笔者一人之责。

学者集中讨论“被”的词性和“被”字被动句的语法结构；近年普遍认为“被”字长被动句是空运符移位的结果，而短被动句才是名词短语移位的结果。被动句的语法问题大多已有成说；唯独长被动句中出现复指代词时，其后必须有频率短语 / 持续时间短语等额外成分这一特殊现象，仍没有一个合理的解释。此现象最早见于 Feng（1989），其后 Huang（1999）和 Lin（2009）都曾尝试做出解说。

香港粤语“畀”字长被动句与普通话的“被”字长被动句句法结构一致，且同样要求复指代词后必须有频率短语 / 持续时间短语等额外成分。笔者利用粤语长被动句的语言现象，排除了复指代词的使用是为了拯救语法，或受语义驱使的可能性；并指出复指代词后必须出现额外成分是受到韵律制约的结果。本文的分析建基于粤语语料，但其机制却可同时套用在粤语和普通话长被动句复指代词的隐现情况上。

本文第 2 节先列出与长被动句复指代词相关的语言现象，第 3 节回顾过往的分析，第 4 节阐述相关语法结构以作为后文讨论的基础，第 5 和第 6 节排除复指代词受语法或语义制约的可能性，第 7 节则点明复指代词的限制条件其实是自然焦点与强调焦点互相影响下的产物。

2. 语言现象

粤语被动句的句式为 [NP1 畀 NP2 $V_{及物}$（……）]，内嵌动词为及物动词。此句式是歧义结构，在适当的语境中，容许听者做出两种不同的解读：第一，作为被动（passive）义；第二，作为允许致使（permissive causative）义。

粤语“畀”字句被动语法结构和“畀”字句允许致使语法结构并不相同，但其呈现的线性语音排序却基本相同。

（1）[NP1 畀 NP2 $V_{及物}$][①]

我畀妹妹锡。

我 BEI 妹妹吻

“我被妹妹吻（被动义结构）。”

或“我让妹妹吻我（允许义结构）。”

① 某些动词会突出允许致使义，而另一些动词会突出被动义；但这是语义问题，而并非语法结构不允许两种不同的解读方式。

解读为允许致使义时，该句包含了一个被选择性省略的内嵌动词宾语，即以上允许致使义的句式实为 [NP1 畀 NP2 $V_{及物}$ O]。

“畀”字句带及物动词时一般为歧义结构，可是当代词出现在句末时，把句子解读为被动义是不合法的，听者只能把该句子解读为允许致使义。

（2）[NP1 畀 NP2 $V_{及物}$ 代词]

我畀妹妹锡我。

我 BEI 妹妹吻我

* “我被妹妹吻（被动义结构）。”

“我让妹妹吻我（允许义结构）。”

如上所述，允许致使结构的句式为 [NP1 畀 NP2 $V_{及物}$ O]，句末的代词是内嵌动词的宾语；允许致使结构内嵌动词的宾语可为任何语义许可的名词短语。

（3）我畀妹妹打篮球。

我 BEI 妹妹打篮球

“我让妹妹打篮球（允许义结构）。”

从（2）可见，被动义“畀”字句句末禁止出现代词。但如代词出现在非句末位置，则合法。

（4）[NP1 畀 NP2 $V_{及物}$ 代词 频率短语 / 持续时间短语]①

我畀妹妹锡咗我一啖。

我 BEI 妹妹吻 ASP 我一 CL

“我被妹妹吻了我一下（被动义结构）。”

或“我让妹妹吻我 + 妹妹吻了我一下（允许义结构 + 已然完成）。”

被动义“畀”字句内嵌动词后出现的只能是代词，而该代词必须与句首主语同指。这类代词被称作复指代词（又可称作接应代词）。

（5）被动结构：[$NP1_i$ 畀 NP2 $V_{及物}$ *NP3/ 代词 $_{i/*j}$ 频率短语 / 持续时间短语]

a. 小芬 $_i$ 畀小明打咗佢 $_i$ 一下。

小芬 BEI 小明打 ASP 她一下

① 同 53 页脚注①。

b. 小芬 $_{i}$ 畀小明打咗佢 $_{*j}$ 一下。

小芬 BEI 小明打 ASP 他一下

c .* 小芬 $_{i}$ 畀小明打咗小霞一下。

（5）c 若为允许致使义，是合法的句子；但若理解为被动义，则不合法。

值得注意的是，当“畀”字句句末有其他成分（如频率短语 / 持续时间短语）时，复指代词是选择性出现的。

（6）[NP1 畀 NP2 $V_{及物}$（代词）频率短语 / 持续时间短语][1]

我畀妹妹锡咗（我）一啖。

我 BEI 妹妹吻 ASP 我一 CL

“我被妹妹吻了我一下（被动义结构）。”

或“我让妹妹吻我 + 妹妹吻了我一下（允许义结构 + 已然完成）。”

粤语“畀”字被动句与普通话“被”字长被动句[2]句式相似，而且也有相似的语法表现，包括：第一，在内嵌动词后出现的补述语必须是代词；第二，该代词必须与句首名词同指；第三，复指代词不能出现在句末。不过，粤语只有长被动句，而没有短被动句（参见 Huang，1999；邓思颖，2000）[3]。

（7）粤语 / 普通话长被动句：[NP1 畀 / 被 NP2 $V_{及物}$（……）]

（8）粤语：

a. 小明 $_{i}$ 畀细佬打咗佢 $_{i/*j}$ 一下。

小明 BEI 弟弟打 ASP 他一下

b. 小明 $_{i}$ 畀细佬打咗一下。

c.* 小明畀细佬打咗文仔一下。

小明 BEI 弟弟打 ASP 小文一下

d.* 小明 $_{i}$ 畀细佬打佢 $_{i}$。

e.* 小明 $_{i}$ 畀细佬打咗佢 $_{i}$。

---

① 同 53 页脚注①。

② 由于语法结构的不同，普通话短被动句不能出现复指代词，而长被动句则允许出现复指代词（参见 Feng，1989/2012；冯胜利，1997）。

（i）a. 小明被弟弟打了（他）一下。

b.* 小明被打了他一下。

③ 长被动句有施动者，短被动句并不包含施动者。

（9）普通话：

a. 小明$_i$被弟弟打了他$_{i/*j}$一下。

b. 小明$_i$被弟弟打了一下。

c.* 小明被弟弟打了小文一下。

d.* 小明$_i$被弟弟打他$_i$。

e.* 小明$_i$被弟弟打了他$_i$。

为什么“畀/被”字长被动句的复指代词时而合法〔如（4）、（6）、（8）a、（9）a〕，时而非法〔如（2）、（8）d、（8）e、（9）d、（9）e〕呢？限制复指代词出现的究竟是语法、语义，还是韵律呢？

（10）被动结构

a. [NP1 畀 / 被 NP2 V * 复指代词]

b. [NP1 畀 / 被 NP2 V（复指代词）频率短语 / 持续时间短语]

以往汉语被动句的研究都集中在“被”的词性和被动句的语法结构上，而被动句复指代词[①]在不同情况下的合法度则较少引起学者注意，因此，迄今还没有学者为其隐现条件立说。本文尝试结合语法结构和韵律语法理论解释长被动句 [NP1 畀 / 被 NP2 V * 复指代词] 和 [NP1 畀 / 被 NP2 V（复指代词）频率短语 / 持续时间短语] 的差异，并提出复指代词无法出现在句末是一种韵律语法现象。

3. 研究概况

最早观察到长被动句复指代词后必须有额外成分的是 Feng（1989）[②]。可是，这个现象并未广泛引起语言学家的注意，只有 Huang（1999）和 Lin（2009）曾撰文讨论一二。

① 广义上，复指代词有时被用作指称任何与句中某 NP 同指的代词，但文中笔者一直采用的是狭义的复指代词，即出现在空语类（empty category）位置上的代词（参考 Chomsky, 1981）；而从文中有关粤语“畀”字被动义结构和允许致使义结构的多番对照中，我们亦可见只有狭义的复指代词禁止出现在句末，而广义的复指代词是可以出现在句末的〔见例（2）〕。

② Feng（1989/2012）中没有明确点出长被动句复指代词后必须要有额外成分，但其文中所举的例子都系统性地分为两类：有显性复指代词的其后都有额外成分，如“张三被人打了他好几次（15 页）”“张三被人打了他一下（17 页）”“张三被警察打伤了他以后就失踪了（19 页）”和“张三被人打了他一下（19 页）”；而不带复指代词的长被动句都没有额外成分，如“李四被张三打了（15 页）”“张三被我打了（17 页）”和“张三被人打了（18 页）”。

（11）a.* 张三被李四打了他。

b. 张三被李四打了他一下。

（Huang，1999：443）

Huang（1999：443）把汉语长被动句复指代词的隐现问题与关系句内的复指代词隐现情况做出对照比较，并指出关系句的内嵌成分如要出现复指代词，其后亦必须有额外成分。

（12）a.* 李四打了他$_i$的那个人$_i$来了。

b. 李四打了他$_i$一下的那个人$_i$来了。

（Huang，1999：444）

Huang（1999）敏锐地观察到复指代词在长被动句和关系句中的一致表现[①]，可惜的是，Huang（1999）并未解释语言现象背后的理论机制。

此后，Lin（2009）指出不带空位（gapless）的长被动句需要得到弱名词短语的核准（licensed）。非定指名词为弱名词短语。Lin（2009）认为弱名词短语引入一个变项，而该变项核准“被”的内嵌分句，以让空运符直接与内嵌分句合并（merger）；因为定指的强名词短语无法引入变项，所以无法让空运符与分句合并，句子也就不合法〔见（13）c、（13）d〕。

（13）a. 张三被李四打了他 *（一下）。

b. 张三被李四打了王五（一下）。

c. 张三被李四打伤了很多人。（弱名词短语）

d.* 张三被李四打伤了每一个人。（强名词短语）

（Lin，2009：169 ～ 172）

Lin（2009）把例（13）内的句子都视为拥有同一个语法结构。可是，我们可以很清楚地看到其中只有（13）a 要求内嵌宾语与句首主语同指，是本文所关注的“直接长被动句（direct long passive）”，其内嵌动词后带复指代词且受到 OP 管约；而（13）b ～ d 的内嵌宾语与句首主语可以不同指，因此，这些并非直接长被动

① 由于篇幅所限，本文只集中讨论长被动句复指代词的制约条件，关系句的情况只能留待后续研究。不过若运用 Duanmu（2007）的辅重理论，重音落在非核心词上，（12）同样呈现自然焦点重音和特殊焦点重音重合的情况，所以本文的分析在稍加修正后或许同样可以用来解释关系句复指代词的情况。

句，而是“间接被动句”，根据 Huang，et al.（2007；2013：137）的说法，间接被动句[①]跟直接被动句的语法结构并不相同。

（14）a. 直接长被动句：NP1 被 / 畀 [Op_i s[NP2 V $\underline{e_i}$]]

b. 不如意被动句：[$_{IP}$ 张三……[$_{V'}$ 被 [$_{IP}$ 李四 $_i$……[$_{VP}$ e[$_{VP}$ $\underline{t_i}$[$_{V'}$ 打伤了很多人]]]]][②]

尽管 Lin（2009：169 ～ 172）提出的句子都是被动句，且都进行了移位，但（13）a 与（13）b ～ d 的语法结构并不相同。（13）b ～ d 为主句谓语中没有 NP 缺位的被动句，Huang，et al.（2013）建议的语法操作是把“最外层宾语”附接到 VP 之上〔见（14）b〕，移动的并非如直接被动句般是内嵌动词后所带的宾语。由于 Lin（2009）涉及两种截然不同的语法结构，因此其基于（13）c、（13）d 的观察就难以推及长被动句复指代词的制约情况。

再者，Lin（2009）认为弱名词的作用是引入变项以使（13）b ～ d 类谓语中没有 NP 缺位的被动句合法，而本文讨论的直接长被动句本身就包含了一个处于内嵌谓语里的变项，因此，无须借助其他成分再引入变项以被 OP 控制。故此，根据 Lin（2009）所提出的语法机制，（13）a 无论是否带有频率短语都应该合法。

4. 语法结构

4.1 “被 / 畀”的词性

汉语被动句无法套用英语被动句的语法分析（参见 Feng，1989；Li，1990；Huang，1999；Tang，2001，2003）。有关“被”的词类向来有争议：Chao（1968）、Li（1990）以及 Pan（1998）等认为“被”是介词，而桥本万太郎（1987）、Feng（1989/2012）、Huang（1999）和 Tang（2001）等则认为“被”是动词。

普通话“被”的词性有争议是因为“被”没有明显的动词性，与之相反，粤语被动句的“畀”则有很明显的动词性。邓思颖（2000：246）指出粤语的被动句可以加体貌词（aspect）〔见（15）和（17）〕，也可以进入正反结构（A-not-A）〔见（19）〕：

① 间接被动句包括包括式被动句（inclusive passive）和排除式 / 不如意被动句（adversative passive）。

② 参考 Huang，et al.（2013：146）：[$_{IP}$ 李四……[$_{V'}$ 被 [$_{IP}$ 王五 $_i$……[$_{VP}$ e[$_{VP}$ $\underline{ti}$[$_{V'}$ 击出了一支全垒打]]]]]。

（15）粤语：

佢已经畀过我闹㗎啦。（邓思颖，2000：246）

他已经畀 ASP 我骂 SFP

“他已经被我骂过了。”

（16）普通话：

*他已经被过我骂了。

（17）粤语：

我今日连续畀咗两个人闹。

我今天连续畀 ASP 两个人责骂

“我今天接连被两个人责骂。”

（18）普通话：

*我今天接连被了两个人责骂。

（19）粤语：

你畀唔畀我闹，都系咁㗎啦！（邓思颖，2000：246）

你畀不畀我骂，都是这样 SFP

“无论你有没有被我骂，都是这样。”

（20）普通话：

？？你被不被我责骂，都是这样。

事实上，粤语被动句的“畀”与作为动词“给”的“畀（给）”是同音的。粤语的“畀”并非直接对应普通话的“被”，“畀”应该是“给”。粤语的“畀”可以作为动词“给”，可以作为与格词“给”（且可带动词小品词），也可以用于长被动句和表达准许的意思。表达准许时，用法与普通话的“让”字句相类。

4.2 长被动句与空运符移位

长被动句的语法结构是怎样的呢？冯胜利（1997）认为汉语的“被”无法取消派格功能，因此与英语被动句的 A 移位不同。

（21）the fish$_i$ was eat-en $\__i$

（冯胜利，1997：4）

冯胜利（1997）提出汉语的“被”无法取消派格功能的证据有两个，一个是长距离取消派格的可能性，另一个是保留内宾语被动句和出现复指代词的长被动句。

（22）[那间教室]早就被老师派小王找人扫过了。

（23）a. 小王被炮弹炸掉了一条腿。

b. 张三被警察打伤了他以后就失踪了。

（冯胜利，1997：4）

如果“被”能取消动词的派格能力的话，上例的“一条腿”和“他”就会因为违反格滤法而被删除。

粤语同样有保留内宾语被动句和出现复指代词的长被动句，因此，粤语的“畀”也无法取消动词的派格功能。

（24）a. 啲肉畀人炒咗青椒。

DET 肉 BEI 人炒 ASP 青椒

“那些肉被人炒了青椒。”

b. 小明畀人撞断咗隻脚。

小明 BEI 人撞断 ASP CL 脚

“小明被人撞断了一条腿。”

（25）小明畀人打咗佢一下。

小明 BEI 人打 ASP 3sg 一下

“小明被人打了他一下。”

光是把“被/畀”定义为动词，不能解决被动句语法分析上的所有问题。冯胜利（Feng, 1989/2012；冯胜利，1997）最早指出长被动句的指涉问题。他提到，“被”如为动词，就如“逼”“知道”等动词一样，以一个分句为补述语。可是，比较“被、逼、知道”三种动词的句子，他发现被动句宾语位置上的代词的指涉性质与“逼、知道”等动词的宾语代词的指涉性质并不一致。

（26）a. 张三$_{i}$知道我帮过他$_{i/j}$一次。

b. 张三$_{i}$逼我帮他$_{i/j}$一把。

c. 张三$_{i}$被人打了他$_{i/*j}$一下。

（冯胜利，1997：3）

如（26）所示，只有被动句的代词必须回指“张三”。

从上文的例子，我们看到粤语被动句的代词同样必须回指句首主语：

（27）小明 $_{i}$ 畀细佬打咗佢 $_{i/*j}$ 一下。

小明 BEI 弟弟打 ASP 他一下

长被动句中的句首主语与复指代词同指，证明了两者必须处于两个不同的句子内，不然便违反了约束原则 B[①]：称代词在其管辖范畴内自由。因此，Feng（1989/2012）指出长被动句必须包含两个句子（bi-clausal），句首主语处于主句内，而复指代词处于内嵌分句内；“被”不能是介词，不然，句首主语与复指代词便会出现在同一个句子中。

再看刚才的例子，代词和空语类的管辖范域以“[]”标记：

（28）a. 张三 $_{i}$ 被 [我打了他 $_{i/*j}$ 一下]。

b. 张三 $_{i}$ 被 [我打了 $\_{i/*j}$]。

（冯胜利，1997：17）

（29）a. 小明 $_{i}$ 畀 [细佬打咗佢 $_{i/*j}$ 一下]。

小明 BEI 弟弟打 ASP 他一下

b. 小明 $_{i}$ 畀 [细佬打 $\_{i/*j}$]。

代词在管辖范域内自由，因此只要不与分句主语同指就符合约束原则，所以代词可以与不在其管辖范域内的句首主语同指（co-index）。

可是，有什么手段可以确保被动句的内嵌动词补述语必须与句首主语同指呢？冯胜利（1997）进一步指出一般分句内的空语类也并不限定与句首主语同指：

---

① 在生成语法中，各种名词，包括名词性空语类的分布都被总结成约束理论（Binding Theory）。名词性空语类包括 NP 语迹、大 PRO、小 pro 和变项（variable）。

（i）约束原则（Binding Principle）

原则 A 照应词（anaphor）在其管辖范畴（minimal governing category）受到约束；

原则 B 称代词（pronominal）在其管辖范畴内自由；

原则 C 指称语（R-expression）自由。

指称语包括专有名词和变项；照应词包括 NP 语迹（Chomsky，1981，1986）。以二值特征标记为：

（ii）[+ 照应 − 称代] = 照应词，含 NP 语迹 [− 照应 + 称代] = 称代词

[− 照应 − 称代] = 指称语，含专有名词和变项

[+ 照应 + 称代] = 大 PRO（Chomsky，1981，1986） [− 照应 + 称代] = 小 pro（冯胜利，1997）

（30）张三 $_{i}$ 知道我喜欢 e $_{i/j}$。

（冯胜利，1997：18）

长被动句中的空语类只能是变项。Feng（1989）最早主张以空运符移位（null operator movement）学说解决汉语长被动句的语法问题。Feng（1989）认为长被动句中包含一个受空运符（Op）所系束的变项（e），长被动句的语法结构应为：

（31）张三被 s'[Op$_{i}$ s[我打了 e$_{i}$]]

（冯胜利，1997：18）

邓思颖（2000）提出粤语被动句同样需要空运符移位操作。

（32）粤语被动句：[$_{TP}$ NP1 [$_{VP}$ 畀 [$_{TP}$ Op[$_{TP}$ NP2 V t]]]]

（邓思颖，2000：247）

空运符的功能是约束变项，并把包含空运符的成分转化成一个谓语结构（predicational structure）（参见 Contreras，1993；Browning，1982）。在逻辑语义层（LF）上，空运符表达为（33）b：

（33）a. [$_{CP}$ 空运符 $_{i}$……变项 $_{i}$……]

b. λx[……x……]

在此谓语结构前添加一个限定词短语（DP），λ 把这个限定词短语视作论元，并在 x 的位置理解（interpret）这个论元。

（34）a. DP λx[……x……]

b. [……DP……]

运用在长被动句上，内嵌分句 [$_{CP}$ 空运符 $_{i}$ 施事者 动词 变项 $_{i}$……] 被转化成一个谓语结构，而句首主语作为这个谓语结构的论元，在变项的位置上接受解读。

（35）a. 句首主语 λx[施事者 动词 x ……]

b. [施事者 动词 句首主语 ……]

因此，长被动句的句首主语必然与内嵌的变项同指。

4.3 复指代词出现在语迹上

出现在空语类上的代词称作复指代词或接应代词。复指代词的出现是否代表内嵌动词的补述语并没有进行移位呢？

首先，我们应了解变项是如何产生的。冯胜利（1997：18 ～ 19）指出管约理论中的变项可以通过空运符的移动得到。这种为非论元位置所约束的空语类叫作变项。

（36）〔=（31）〕张三被 s'[Op$_i$ s[我打了 $\underline{e_i}$]]

（冯胜利，1997：18）

Chomsky（1981）提出了"变项"这个概念，变项是利用α- 移位（Move α）产生的。Chomsky 指出语言中的运符（operator）有两种：第一种是 wh- 成分（[wh-]-elements）和它们的语迹（traces）；第二种是量项（quantifier expressions）。第一种运符在进入逻辑形式层前进行显性移位（overt movement）；而第二种运符在逻辑形式层才进行隐性移位（covert movement），以得到解读。变项属于第一种运符。Chomsky 给出以下定义：

（37）变项的定义

a. α是一个变项，当而且仅当在表层结构（S-structure）里，α=[$_{NP}$ e]（名词性空语类）并受运符约束（bound）。（Chomsky，1981：102）

b. wh- 运符和受其约束的变项是运用α- 移位以发生联系（associate）的。（Chomsky，1981：328）

c. 利用α- 移位，表层结构的一系列成分会有相同的指称（co-indexed）。（Chomsky，1981：331）

一个名词性空语类移位至非论元位置的标句词上（complementizer，简写为"COMP"）（A' 移位），遗留下来的是一个变项。变项的特征为位于论元位置上，并且会在该位置获得格，又同时受到 A' 约束。约束理论在表层结构运作（applied），而其运作结果（即变项和运符的同指）在逻辑形式层（Logical Form，简称"LF"）才发挥功能；格滤法则在语音形式层（Phonetic Form，简称"PF"）检查。

复指代词并非空语类，并不符合变项的定义，而且上文指出冯胜利（1997）

已经借由比较不同动词的句子，以证明一般代词并不一定回指句首主语。

（38）a. 张三 $_{i}$ 知道我帮过他 $_{i/j}$ 一次。

b. 张三 $_{i}$ 逼我帮他 $_{i/j}$ 一把。

c. 张三 $_{i}$ 被人打了他 $_{i/*j}$ 一下。

（冯胜利，1997：3）

如假设被动句上的复指代词是基底生成的话，难以保证它进入逻辑形式层后可以作为变项，而非一般代词解读（interpret）。Asudeh（2012）指出复指代词的形态（morphology）与一般代词无别，因此不能出现在逻辑语义层里，不然会引起语义解读问题。

笔者认为复指代词是在拼出（spell out）后，大概是在语音形式层，才加在空语类的位置上的。所以，含复指代词的长被动句操作为：

（39）a. NP1 被/畀 $[_{CP}$ Op$_{i}$$[_{TP}$ NP2 V e$_{i}$ 其他成分]]→拼出→成品同时进入（39）b 和（39）c

A’ 移位

b. 逻辑形式层：NP1 λx[NP2 V x 其他成分] → [NP2 V NP1 其他成分]

c. 语音形式层：NP1 被 / 畀 NP2 V（复指代词）其他成分

Burzio（1981）意大利语的语料正好支持笔者“复指代词在移位后才出现在语迹上”的假说。意大利语被动句的宾语可以留在基底位置或上移到句首主语位置；而当宾语上移，留下了语迹，该语迹就可以填上一个与宾语同指的代词。Burzio（1981）和 Chomsky（1981）把该代词称为强调代词（emphatic pronoun）。

（40）a. Fu mandato Giovanni a prendere il libro.

PM 派 Giovanni P 取 DET 书

“Giovanni 被派去取书。”

b. Giovanni fu mandato lui ad occuparsi di quella faccenda.

Giovanni PM 派 3sg P 处理 P DET 事件

“Giovanni 被派去处理那件事件。”

（Burzio，1981：176，112）

（40）a的Giovanni留在基底位置；（40）b的Giovanni上移，强调代词出现在语迹上。Burzio（1981）指出意大利语的语言现象表明 NP- 移位（NP-movement）和被动形态（passive morphology）之间没有联系。意大利语同时存在两种情况：有被动形态而没有移位，如“Fu invitato Giovanni/ Was invited Giovanni（Giovanni 被邀请了）”；以及没有被动形态而有移位，如“Giovanni arriva（Giovanni 到达）”。由此可见，（40）中 Giovanni 的上移不可能是语法促使的。A 移位是为了从没有格位的位置移到另一个可以得到格位的 A 位置上，该移位是受格滤法所逼使的，不可能选择性进行。而 Giovanni 不先进行移位，强调代词就无法出现，则证明了同指的强调代词必须出现在语迹上。

5. 复指代词并非受语法制约

5.1 长被动句允许复指代词，短被动句不允许复指代词

Feng（1989）指出短被动句不允许复指代词的出现。

（41）* 张三被打（了）他。

（Feng，1989：134）

普通话的长短被动句有不同的句法结构：长被动句利用了空运符 A’移位，短被动句则利用了 A 移位（参见 Feng，1989；Huang，1999）。普通话短被动句的语法结构与英语被动句的语法结构一致。动词被取消了指派宾格的能力，由于格滤法，宾语必须上移到主语位置以取得格位。

（42）the $fish_i$ was eat-en $\_{}_i$

（43）张三 $_i$ [被打] $\_{}_i$

A 移位

（冯胜利，1997：4）

短被动句的动词没有派格能力，所以动词后无法出现有音的名词成分，复指代词因为违反格滤法而无法出现。

反之，长被动句内嵌动词的派格能力没有被取消，所以其后出现复指代词是格滤法所允许的。

5.2 复指代词的使用并非受句法驱使

在传统分析中，复指代词是拯救句法的最后机制（last resort device），它出现在违反移动限制的位置上；一般相信复指代词代表没有移位，或是出现在移位语迹的位置上（Mccloskey，2006；Aoun，et al.，2001）。

复指代词并非为了拯救孤岛效应或为拯救其他移位限制造成的不合法，证据之一是例（4）删去复指代词，句子仍然合法。

（44）a. 我畀妹妹锡咗我一啖。

b. 我畀妹妹锡咗一啖。

根据冯胜利（1997），长被动句的空运符移位是一种 α- 移位，只要该移位在主题句（topicalization）和关系句（relativization）中合法，则在长被动结构中亦同样合法（Feng，1989/2012：129；冯胜利，1997：21）。因此我们亦可以借主题句和关系句两种结构去检视复指代词是否对移位限制敏感。

（45）被动句

（粤）张三畀我打咗（佢）两下。

（普）张三被我打了（他）两下。

（46）主题句

（粤）张三，我打咗两下。

（普）张三，我打了两下。

（47）关系句

（粤）我打咗两下嘅嗰个人。

（普）我打了两下的那个人。

上例证明 α- 移位合法，因此复指代词的使用并非语法驱使。

6. 复指代词并非受语义制约

粤语“畀”字句带及物动词时，在大部分情况下容许允许致使义和被动义两种解读。当句末有其他成分时，两种解读都允许使用复指代词；可是，当句末没有其他成分时，被动义禁止使用复指代词。

（48）[NP1 畀 NP2 $V_{及物}$ 代词 频率短语 / 持续时间短语]

我畀妹妹锡咗我一啖。

“我被妹妹吻了我一下（被动义结构）。”

或“我让妹妹吻我 + 妹妹吻了我一下（允许义结构 + 已然完成）。”

（49）[NP1 畀 NP2 $V_{及物}$ 代词]

我畀妹妹锡我。

* “我被妹妹吻（被动义结构）。”

“我让妹妹吻我（允许义结构）。”

复指代词不能出现在被动义结构的核心重音位置，会否是出于语义对韵律和语法的制约呢？试比较允许致使义语法结构和被动义语法结构的最后一个动词短语，亦即核心重音范域：

（50）允许致使义语法结构

a. 最后一个动词短语：　　　　[$_{VP}$V　NP3]

b. 核心重音范域：　　　　　（V_w　$NP3_s$）

（51）被动义语法结构

a. 最后一个动词短语：　　　　[$_{VP}$V　ec]

b. 核心重音范域：　　　　　（V_s　Ø）

倘若复指代词无法出现在句末核心重音位置是受语义的制约，那么其制约可能出于两个原因：一是被动句内嵌动词补述语信息量不足，二是分辨歧义结构。

6.1　语义制约假说之一：被动句内嵌动词补述语信息量不足

我们可以援用 Shannon（1948）所提出的信息论，比较致使“畀”字句和被动“畀”字句中句末动词所选择的宾语的信息量，看看信息论能否禁止复指代词出现在核心重音位置。信息量是以信息的不确定度去量度的，一条讯息要从一条或以上的可能的讯息（possible message）中找出。当只有一个可能的结果时，该讯息的信息量是零；而当真实讯息（actual message）要从越多条可能讯息中找出，该讯息所带的信息量就越多。Duanmu（2007）曾指出，一个语法位置如能产生更大的信息量，该位置就更可能得到重音。Pan & Hu（2008）发现汉语被动句的句末限定词短语一般是非定指名词或新信息，并以此指出被动句的句末带有焦点（end-focus）。由此推测，语义限制复指代词出现在句末的其中一个可能性是由于其信息量不足。

根据 Shannon（1948）的理论，真实的讯息是从可能讯息的集合里选出的，这个集合里包含的可能讯息数量可以用来计算最后选出的讯息所产生的信息量（information produced）。一条讯息选出时，所有可能讯息被选上的概率都应该看成是相等的。于是有以下的算式：

（52）a. 可能讯息的数量 = 1 ：$Log_2 1 = 0$

（真实讯息可以准确预测，一条讯息从一个只包含一条可能讯息的集合中选出，因此信息量是零）

b. 可能讯息的数量 = 2 ：$Log_2 2 = 1$

c. 可能讯息的数量 = 3 ：$Log_2 3 = 1.58496$

（从算式中可见，集合所包含的可能讯息的数量越多，其计算出的信息量就越大）

以粤语“畀”字句为例，被动义结构中内嵌动词宾语必定与句首 NP 同指，因此视为从一个只包含一条可能讯息的集合中选出一条讯息，所以其信息量是零。而允许致使义结构的内嵌动词宾语可以是与句首 NP 同指的代词或与句首 NP 不同指的任一代词或其他名词 / 限定词短语，因此其内嵌动词宾语就是从一个包含了很多可能讯息的集合中选出来的，而可能讯息的数量越大，选出的讯息所产生的信息量就越大，所以允许致使义结构的内嵌动词宾语会产生很大的信息量。

（53）“畀”字句内嵌动词宾语的信息量

	可能的宾语	可能结果的总数	信息量
被动义结构	复指代词	1	0
允许致使义结构	与句首 NP 同指的代词	1	很大
	代词 / 名词 / 限定词短语	很多	

光看这两种结构的比较，语义似乎只容许信息量大的成分出现在句末重音位置，而禁止信息量为零的成分出现在句末重音位置。

可是，汉语是否真的禁止信息量不足的成分出现在句末重音位置呢？汉语存在特殊的冗宾语、空宾语现象（冯胜利，2013），可见，汉语句末核心重音位置上是容许出现信息量为零的成分的。

（54）a. 他动词的冗宾语

吃饭、喝水、看书

妈妈，我饿了，我想吃饭。

妈妈，我饿了，* 我想吃。

b. 自动词的空宾语

睡觉、走路、跑步

今天我睡了一觉！

？今天我睡了。

（冯胜利，2016）

他动词的冗宾语，是该动词最常配搭的宾语；而自动词则本不应有宾语。冗宾语和空宾语并没有实质意义，在语义上，“我想吃饭”对应的是英语的“I want to eat”，而非“I want to eat rice”。

冯胜利（2013）指出汉语的不及物动词（intransitive verb）原本是一个名词，它通过并入（incorporate）动词，成为了复杂动词 [睡 -V]$_V$，并在它的原生位置留下了一个语迹。汉语的 V’ 有很强的动宾性，而且带有抑扬格节律，在节律的驱使下，也即在分离力量的拉扯下，汉语便补出一个假宾语来满足核心重音的指派[①]，而这样的补足又同时满足了标准音步为双音节的要求。粤语也有一致的假动宾：“瞓觉（睡觉）、食饭（吃饭）、行路（走路）……”

（55）

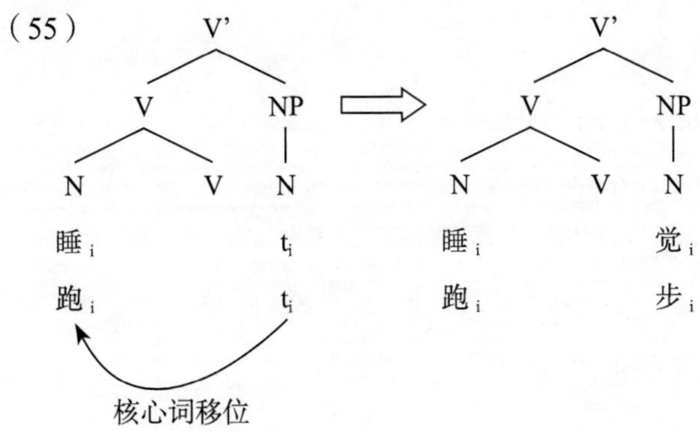

（冯胜利，2013：255）

汉语句末核心重音位置上容许出现信息量为零的冗宾语、空宾语证明：由于被动

① 冗宾语 / 空宾语补上的时间不晚于核心重音指派的时间，但被动句复指代词是在核心重音指派完成后才出现在语迹上的。

句内嵌动词补述语信息量不足而禁止复指代词出现在句末的语义制约假说是错误的。

6.2 语义制约假说之二：分辨歧义结构

由于粤语的“畀”字句是歧义结构，语义有没有可能借助代词分布去协助分辨两种结构呢？这个假说遇到两个问题：第一，为何句末没有其他成分时，才禁止被动义结构使用复指代词？而当句末有其他成分（如频率短语）时，无论被动结构还是允许义结构都容许使用复指代词？这样的话，能否使用复指代词，就无法成为分辨结构的有效指针。

（56）我畀妹妹锡咗我一啖。

“我被妹妹吻了我一下（被动义结构）。”

或“我让妹妹吻我 + 妹妹吻了我一下（允许义结构 + 已然完成）。”

（57）我畀妹妹锡我。

*“我被妹妹吻（被动义结构）。”

“我让妹妹吻我（允许义结构）。”

第二，在句末没有频率短语等其他成分的情况下，光观察动词补述语能否出现也无法清晰分辨被动义和允让义。粤语和普通话除了上述典型的“畀”字被动句，还保留了内宾语被动句。

（58）小明畀人撞断咗只脚。

小明 BEI 人撞断 ASP CL 脚

“小明被人撞断了一条腿。”

（59）啲肉畀人炒咗青椒。

DET 肉 BEI 人炒 ASP 青椒

“那些肉被人炒了青椒。”

由于从定语中移出违反移位限制，因此（58）动词后的内宾语没有进行移位（参见 Huang，1984）[①]。（59）中动词宾语和句首主语并非同指，因此动词后的

① 参考 Huang，et al.（2013：140），包括式被动句的语法结构为：张三被 Op_i 土匪 $\underline{t_i}$ 打死了 Pro_i 爸爸。

内宾语也没有进行移位[①]。崔玉珍、潘海华（2007）指出句首主语和保留宾语之间的关系不一定很紧密（参见 Pan & Hu，2008），两者之间可以是较紧密的同指关系，可以是领属关系（possessive relation），也可以是更松散的，只是表示两者相关（aboutness）的语义关系[②]，因此在上述句子中，句首主语应为一个基底生成的悬吊主题（dangling topic）。保留内宾语被动句应该被理解成“主题—评语（topic-comment）”的结构[③]。

（60）保留内宾语被动句：[$_{主题}$ NP1][$_{评语}$ 被 / 畀 NP2 V NP3]

保留内宾语被动句的动词宾语出现在句末，可见光凭动词宾语能否出现在句末并不能区分被动义和允让义。

7. 韵律制约的复指代词隐现条件

上文证明了长被动结构中出现复指代词并不违反格滤法，也证明了复指代词的使用不是为了拯救句法，所以复指代词并非只能出现在违反移位规则的位

① 参考 Huang，et al.（2013：146），排除式 / 不如意被动句的语法结构为：[$_{IP}$ 李四……[$_{V'}$ 被 [$_{IP}$ 王五 $_i$……[$_{VP}$ e [$_{VP}$ t_i[$_{V'}$ 击出了一支全垒打]]]]]]。

② 崔玉珍、潘海华（2007：127）曾利用一系列句子去探讨汉语长被动句句首 NP 和动词宾语之间的关系：

（1）[$_{NP1}$ 张三] 被李四 [$_V$ 打] 了。

（2）张三呀，被李四打了。

（3）这间学校被警察带走了两个学生。

（4）这间学校呢，被警察带走了两个学生。

（5）肉被我炒了青椒。

（6）肉呀，被我炒了青椒。

（7）[$_{VP}$ 看这种书] 都被人讥笑了一顿，什么世道呀！

（8）[小红父母不喜欢她，就连她放学做作业] 也被狠狠骂了一顿。

他们指出，（1）的 NP1 和动词的宾语有同指关系；（1）和（2）的差异是多了提顿词，使 NP1 和“被”后成分的关系变得松散了〔（4）和（6）分别是（3）和（5）加上了提顿词的变体〕。（3）～（6）的“被”前 NP1 和“被”后动词的宾语没有同指关系，而是一种语义关联；（3）和（4）中两者之间是领属关系，（5）和（6）中两者则有行为上的关联。（7）和（8）“被”前的成分是 VP 和小句，这些成分与“被”后成分有语义上的关联，但是关系就更为松散。崔玉珍、潘海华指出，由于“被”前后成分关系不如过往研究所认为般严密，而且两者之间可以插入提顿词，因此把“被”前成分视为主题更为贴合。

③ 粤语“畀”字长被动句同样允许“畀”字前后成分非同指，而只是语义相关；但笔者并不跟随崔玉珍、潘海华的文章，把所有“畀”字长被动句的 NP1 视为主题（学界普遍认为长被动句的 NP1 为主语），而单把文中的“保留内宾语被动句”（NP1 与动词宾语并不同指而只有语义关联）的 NP1 视作主题。

置上；另外，亦排除了语义由于复指代词信息量为零，或为了区别歧义结构，而禁止复指代词出现在被动句句末的可能性。因此，粤语“畀”字句复指代词的分布并不是受句法或语义所制约的。笔者认为复指代词后需有其他成分是广域焦点和狭域焦点重音相互作用的产物。本节将就该结构展开韵律制约方面的分析。

7.1 复指代词出现在长被动句句末不合法

7.1.1 空运符移位与核心重音指派

上文列举了数种看似相类的“畀”字句，包括典型长被动“畀”字句、允许致使义“畀”字句和保留内宾语被动义“畀”字句，其中，只有典型长被动句不允许代词出现在句末。

（61）句末没有频率短语 / 持续时间短语

a. 典型长被动“畀”字句： NP_{1i} [$_{VP}$畀 [$_{CP}$ **OP**$_i$ [$_{TP}$ NP_2 V $\_{}_i$ / *代词$_i$]]]]

b. 允许致使义“畀”字句： NP_1 [$_{VP}$畀 [$_{TP}$ NP_2 V 代词/NP3]]]

c. 保留内宾语被动义“畀”字句：[$_{CP}$ NP_1 [$_{TP}$ [$_{VP}$畀 [$_{TP}$ NP_2 V 保留内宾语]]]

比较这些句式就会发现核心重音范域的模式与空运符移位操作密切相关：凡进行了空运符移位的都不允许代词出现在句末，而没有进行空运符移位的则可以带上代词。

（62）核心重音范域的模式 （“Ø”标示韵律上隐形的成分）

a. 进行了空运符移位

典型被动句核心范域： $\mathbf{V_S}$ **Ø**

b. 没有空运符移位

允许致使句核心范域： V_W $NP3_S$ / V_S 代词$_W$

保留内宾语被动句核心范域：V_W $NP3_S$ / V_S 代词$_W$

以上比较说明了复指代词与一般代词不同，而根据 4.3 小节的分析，复指代词应当是在语音形式层才添加的。

7.1.2 汉语的核心重音指派

Feng（1995）一文除了重申汉语的核心重音规则为支配原则〔见（63）〕

外，还带出了很重要的一点就是，汉语的核心重音决定句末〔参见 Feng（2003）“Prosodically Constrained Postverbal PPs in Mandarin Chinese”，脚注 19〕。句末动词定下了句子最后一个短语的左边界而其补述语则定下了它的右边界，边界确定后，其后就不能以任何操作带上其他成分。

（63）支配原则 Government-based NSR：

句中主要动词直接支配的成分得到重音。

（Feng，1995）

（64）核心重音范域

[动词　　　　补述语]

左边界　　　　右边界

由于允许致使义“畀”字句和保留内宾语被动义“畀”字句里的有音代词是基底生成的，因此，虽然代词无法承载核心重音，但仍能作为一个语言上的弱读成分出现在句末；典型长被动“畀”字句的有音代词则是在语音形式层才添上的，在核心重音划下句子边界时并未有有音的复指代词，因此其出现违反了韵律语法。

（65）张三被李四打了]（* 他）。

“他”若以轻读形式出现，就不是真正的复指代词。

后期添加的复指代词在核心重音指派时并不存在，无法参与核心重音的指派。

笔者认为韵律语法能区分基底生成和后期添加的成分，这点同时可见于补述语动介短语和附加语动介短语的合法度上。作为补述语的介词短语可以出现在动词后，但作为附加语的介词短语则不可以[①]。

（66）a. 他想睡 [在小床上]$_{compl}$。　　（Feng，2003）

b. * 他想睡 [在家]$_{adjunct}$。　　（Feng，2003）

① 文中所谓的“后期添加”指的是在确立了核心重音后才出现在句末位置的成分，“添加”不一定要在 PF 进行，只要确保是在核心重音指派后才进行即可。因此笔者虽然假定复指代词是在PF层才添加的，但并不表示附加语也要到PF层才利用移位操作出现在句末。一般相信利用移位以使附加语出现在句末是窄域语法操作（narrow syntax），是在显性语法中进行的。

c. He is sleeping [on his bed] $_{compl}$.

d. He is sleeping [in the living room] $_{adjunct}$.

虽然，在表层结构上，（66）a ～ d 的介词短语同样出现在句末，但在底层结构中，补述语介词短语基底生成为动词短语最深嵌的成分，而附加语介词短语则附接于 V 之上〔见（70）b〕。

汉语的介词无法指派核心重音，且会阻隔动词的核心重音指派，所以介词必须并入到动词上：

（67）他想 [睡 – 在] 小床上。

（68）a.* 他放了 [在椅子上]。

b. 他放在了椅子上。

（Feng，2003）

（66）～（68）显示汉语句末为承载核心重音的成分，但动宾带介宾结构〔例（69）〕则告诉我们汉语同样容许不承载核心重音的成分出现在句末，只是这种弱读成分的出现有严格的语法限制，就是它必须为基底生成的动词补述语成分〔见（70）a〕。这与允许致使义“畀”字句容许不承载核心重音的代词出现在句末的情况一致：由于代词是在核心重音指派时已基底生成于句末，因此允许保留。而直接长被动句中的代词在核心重音指派时并不存在，所以当核心重音指派完成，句子边界已定，复指代词要重新填充在句子的边界后便不合法。

（69）a.* 我放了那些纸在好几个杯子上。

b. 我放了好几张纸在那些杯子上。

（Feng，2003）

（70）a.

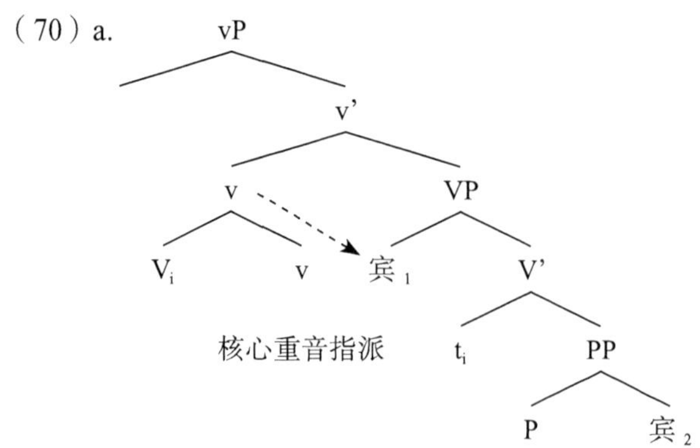

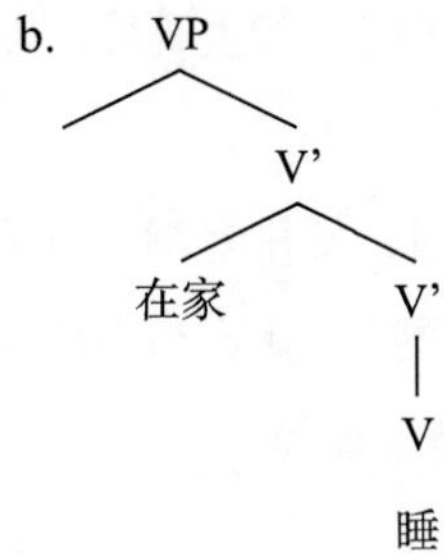

7.2 复指代词的使用与强调焦点

复指代词并没有语法上的作用，那么为何复指代词会出现呢？

笔者认为长被动句复指代词的出现是为了强调，这与第 4 节中曾提及的意大利语被动句复指代词的使用情况相类。只是由于韵律上的原因，致使长被动句复指代词后还需要额外的成分辅助。

Chomsky（1981：323）指出，“语迹可以拼读为代名词，如意大利语强调代词”[①]：

（71）a. Fu mandato Giovanni a prendere il libro.
PM 派 Giovanni P 取 DET 书
“Giovanni 被派去取书。”

b. Giovanni fu mandato lui ad occuparsi di quella faccenda.
Giovanni PM 派 3sg P 处理 P DET 事件
“Giovanni 被派去处理那件事件。”

（Burzio，1981：176，112）

意大利语可选择性地上移宾语；宾语移出后，语迹可以拼读为代词，并有强调作用（Burzio，1981；Chomsky，1981）。

长被动句的复指代词要强调的是动词短语而非句首主语，这可以通过粤语复指代词出现的语法位置证明：

（72）粤语强调测试	强调
a. 张三佢畀警察打。 张三他 BEI 警察打	张三
b. 张三畀警察打咗佢一下。 张三 BEI 警察打了他一下	事件

① 原文为“Trace may be ‘spelled out’ as a pronoun, as in the case of emphatic pronouns in Italian”。

当粤语要强调“张三（受事者）”时，复指代词紧跟在句首主语后；而要强调事件时，复指代词才出现在变项的位置上。

汉语长被动句在语法上并无使用复指代词的动因，使用复指代词只是为了表示特殊焦点。笔者将在下文指出，由于承载动词短语狭域焦点与自然焦点的成分重合，而复指代词本身又过轻，所以难以独自承载特殊焦点。

7.3 动词短语狭域焦点与自然焦点重合

一个句子因焦点的不同，可以有不同的焦点结构，而不同的狭域焦点或与自然焦点重合。

（73）那个戴着帽子的男人用红色油漆在墙上写字。（焦点重音）

a. [$_F$ 那个戴着帽子的男人用红色油漆在墙上写字。]

b. 那个戴着帽子的男人 [$_F$ 用红色油漆在墙上写字。]

c. 那个戴着帽子的男人用红色油漆 [$_F$ 在墙上写字。]

d. 那个戴着帽子的男人用红色油漆在墙上 [$_F$ 写字。]

（73）a ～ d 的焦点结构分别对应以下问句：

（74）自然焦点：

a. 怎么一回事？

动词短语狭域焦点：

b. 那个戴着帽子的男人在做什么？

c. 那个戴着帽子的男人用红色油漆做什么？

d. 那个戴着帽子的男人用红色油漆在墙上做什么？

复指代词出现在句末是核心重音所不允许的，可是，复指代词的使用却是特殊焦点所诱使的，在两大韵律因素的角力下，就出现了复指代词后必须带上其他成分这样看似古怪的限制条件。

7.4 韵律补偿（Prosodic Compensation）

长被动句要强调事件时，承载强调焦点的成分必然会与自然焦点成分重合，如句子无法以任何的差异表达强调焦点的话，就无法分清其焦点类型。印欧语系能善用语调（intonation）表达重音（prominence），可是，由于汉语是声调语言，在表达重音时就难以依靠语调来实现，而只能依赖其他的语音手段。从以往的汉语韵律语法研究中，我们可见汉语更常利用音段去表达相对轻重，如“* 种植树、种树、种桑树、种植桑树”，补述语的音节不能少于选择它的动词。长被动句同样是利用了添加音节的方式去表达强调重音。

由于动词短语狭域焦点与自然焦点重合，所以无法呈现动词短语狭域焦点：

（75）a. 张三畀警察 $[_{\text{NS/VP emphasis}}$ 打 Ø]。

b. 张三被警察 $[_{\text{NS/VP emphasis}}$ 打了 Ø]。

因此，就利用重复[①]去表达，重复的部分是复指代词——“他”。粤语和普通话以有音形式填出变项，而所填代词必须与变项等值。利用复指代词的优势是：第一，复指代词仍是动词短语的一部分，最适合用来强调；第二，添加复指代词不会对语义有大影响。

不过，光用复指代词无法成功强调，因为复指代词是后加的，而且复指代词是韵律上隐形的，是一个天生的弱读成分[②]。由于复指代词分量不足，需要其他成分辅助，因此便要添加额外成分——“一下”。

（76）a. 张三畀警察打咗佢 *（一下）。

b. 张三被警察打了他 *（一下）。

“一下”在普通话中一般不吸引核心重音，所以它是在表达事件强调时最合适的辅助成分。频率为“一”的短语在北京话中都比其他频率短语念得轻；而“一”在粤语中也可以省略，“一 + 量词”常可缩略成“量词”，如：

（77）a. 我买咗一本书。

“我买了一本书。”

b. 我买咗本书。

“一下”并非韵律上的强形式，但是带有一定的时长（duration），“一下”的添加是为了补偿（compensate）复指代词音强（intensity）/ 音高（pitch）的不足。如其后所带的成分换成“三下”或其他带重音的成分（stress carrier），句子很可能会从强调事件变成强调频率，因为这些成分或会把焦点吸引过去。

① 在此不把复指代词看作纯粹的添加，而是作为句子原有成分的一种重复，是为了突出长被动句加上复指代词后在语法和一般语义上并没有差异。

② 北京话以音强减弱表示去焦点（destress），粤语则以音高减弱表示。

根据冯胜利（2013：200）的观察，从轻到重可以得出以下等级排列：**代词＜定指名词＜几个N＜两三个N＜数量名词**。代词最轻，“定指名词”一般轻读但不如代词那么轻，不定量名词“几个N”要比“两三个N”轻，而定数名词（如以上所引用的“三下”）则要重读。“一个N”，虽然是非定指的，但它的情况比较特殊，因为“一个N”在现代汉语中通常轻读（见《现代汉语八百词》），因此才会比“几个N”“两三个N”或其他定数名词更适合成为长被动句复指代词出现时的补偿成分。同时，由于“一个N”“几个N”“两三个N”和其他定数名词在能否轻读和重读的程度上有等级差异，我们可以预测其组成的句子也会有焦点解读上的差异，如采用“一个N”，最有可能被理解为带广域焦点（自然焦点）；但如使用“几个N”“两三个N”，则句子比较倾向于解读为带狭域焦点；而如使用其他定数名词，则句子有更大的倾向被解读为带狭域焦点。

“一下”类并不是韵律上的隐形成分，只是它如非有意强调，一般不会成为狭域焦点。如上所及，作为韵律上的补偿，需要一定的时长，所以我们也可以预测韵律上隐形的成分难以使长被动句带复指代词合法化。量词是功能词，在很多语言中，包括北京话里，都是韵律上的隐形成分。所以当“一”省略了，我们可以预测频率短语/持续时间短语将无法辅助复指代词：

（78）a. 妹妹畀人踢咗（一）脚。

b. 妹妹畀人踢咗佢*（一）脚。

复指代词后的韵律隐形成分没有补偿作用，因此（78）b省略了数词后不合法。

8. 结语

长被动句复指代词是为了表达特殊焦点而出现的，可是由于：第一，汉语核心重音规则不允许复指代词出现在长被动句的句末；第二，复指代词分量不足，其后必须要添加额外成分去做出补偿（而要表达事件强调，最合适的就是添加不吸引焦点的“一”的频率短语/持续时间短语）；便造成了“[NP1 畀/被 NP2 V *复指代词]”和“[NP1 畀/被 NP2 V（复指代词）频率短语/持续时间短语]”在合法度上的差异。

参考文献

崔玉珍，潘海华 . 2007. 汉语“被”字句是一种话题—述题结构 // 邵敬敏，张先亮 . 汉语语法研究的新拓展（三）：21 世纪第三届现代汉语语法国际研讨会论文集 . 长春：东北师范大学出版社 .

邓思颖 . 2000. 粤语被动句施事者的省略和“原则与参数语法”. 中文学刊，（2）：243-260.

冯胜利 . 1997.“管约”理论与汉语的被动句 . 中国语言学论丛（第一辑）. 北京：北京语言文化大学出版社 .

冯胜利 . 2013. 汉语韵律句法学（增订版）. 北京：商务印书馆 .

冯胜利 . 2016.“汉语韵律语法”专题讲座讲义 . 汉语教学前沿探讨讲座，香港中文大学教育学院，8 月 4 日—11 日 .

吕叔湘 . 1980. 现代汉语八百词 . 北京：商务印书馆 .

桥本万太郎 . 1987. 汉语被动式的历史·区域发展 . 中国语文，（1）: 36-49.

Aoun, Joseph, Lina Choueiri, & Norbert Hornstein. 2001. Resumption, movement, and derivational economy. *Linguistic Inquiry*, 32.3: 371-403.

Asudeh, Ash. 2012. *The Logic of Pronominal Resumption*. Oxford: Oxford University Press.

Browning, Marguerite. 1982. *Null Operator Constructions*. Ph.D. dissertation, MIT.

Burzio, Luigi. 1981. *Intransitive Verbs and Italian Auxiliaries*. Ph.D. dissertation, MIT.

Chao, Yuen Ren. 1968. *Language and Symbolic Systems*. Cambridge: Cambridge University Press.

Chomsky, Noam. 1981. *Lectures on Government and Binding. The Pisa Lectures*. Dordrecht, Foris.

Chomsky, Noam. 1986. Barriers. Cambridge: MIT Press.

Contreras, Heles. 1993. On null operator structures. *Natural Language & Linguistic Theory*, 11.1: 1-30.

Duanmu, San. 2007. *The Phonology of Standard Chinese*. Oxford: Oxford University Press.

Feng, Shengli. 1989. The passive construction in Chinese. ms, University of Pennsylvania. In Wang Lujiang (2012), Empty operator movement in Chinese passive syntax, *The Beauty of Mathematical Logic—Collected Works in Commemoration of Professor Fang Li* [*Shuli Luoji zhi Mei—Fang Li Jiaoshou Jinian Wenji*]. Beijing: Beijing Language and Culture University Press, 117-137.

Feng, Shengli. 1995. *Prosodic Structure and Prosodically Constrained Syntax in Chinese*. Ph.D. dissertation, University of Pennsylvania.

Feng, Shengli. 2003. Prosodically constrained postverbal PPs in Mandarin Chinese. *Linguistics*, 6: 1085-1122.

Huang, C.-T. James. 1984. On the distribution and reference of empty pronouns. *Linguistic Inquiry*, 15: 531-574.

Huang, C.-T. James. 1999. Chinese passives in comparative perspectives. *Tsing Hua Journal of Chinese Studies*, 29.4: 423-509.

Huang, C.-T. James, Audrey Li, & Yafei Li. 2007. *The Syntax of Chinese.* Cambridge: Cambridge University Press. Chinese Version: 2013. 汉语句法学 . 张和友，译 . 北京：世界图书出版公司 .

Li, Yen-hui Audrey. 1990. *Order and Constituency in Mandarin Chinese*. Dordrecht: Kluwer Academic.

Lin, Tzong-Hong Jonah. 2009. Licensing “gapless” Bei passives. *Journal of East Asian Linguistics*, 18. 2: 167-177.

Mccloskey, James. 2006. Resumption. In M. Everaert & H. van Riemsdijk, *The Blackwell Companion to Syntax*. Malden: Blackwell Publishing.

Pan, Haihua. 1998. *Generalized Passivization on Complex Predicates*. The 72nd Annual Meeting of the Linguistic Society of America. Grand Hyatt Hotel in New York, January 8-11, 1998.

Pan, Haihua & Jianhua, Hu. 2008. A semantic-pragmatic interface account of (dangling) topics in Mandarin Chinese. *Journal of Pragmatics*, 40.11: 1966-1981.

Shannon, Claude E. 1948. The mathematical theory of communication. *Bell System Technical Journal*, 27: 379-423 and 623-656.

Tang, Sze-Wing. 2001. A complementation approach to Chinese passives and its consequences. *Linguistics*, 39: 257-295.

Tang, Sze-Wing. 2003. *A Parametric Theory of Chinese Dialectal Grammar*. Beijing: Peking University Press.

Prosodically Constrained Resumptive Pronouns in Long Passives

Tong Manshan

Department of Chinese Language and Literature, The Chinese University of Hong Kong

Abstract: It is observed that in both Mandarin and Cantonese direct long passives, whenever there is a resumptive pronoun (RP) embedded, there must be an extra constituent (such as a frequency phrase) followed the RP. The constraint imposed is not driven by syntax nor semantics, but is created by the interaction between the Nuclear Stress Rule (NSR) and the focus structure. NSR prohibits the RP to sit in the NS position; meanwhile the narrow focus falling on the VP cannot be realized by the RP alone, therefore an extra constituent is needed to act as a prosodic compensating device.

Keywords: direct long Bei passive; resumptive pronouns; Nuclear Stress Rule; narrow focus; prosodic compensation

唐文珊

香港中文大学中国语言及文学系

manshantong@gmail.com

三音节式重叠结构的句法语义及韵律形态 *

黄新骏蓉

摘　要　重叠是人类语言共有的一种构词造句手段。汉语口语中有一种另类的重叠现象，即由单音节词组成的三音节式重叠结构。不同于构词重叠，这类重叠结构是句法与韵律结合的产物。由于韵律的形态制约，限制了重叠次数，这类结构形成了一个独立的语调单位，并作为一个整体在不同的句法位置和句类中表达相应的功能，如持续反复、程度加深、祈使、话题、拟声化等。本文再通过语感测试及实验语音分析，认为三叠式已形成一个韵律模板，其内部韵律结构应为 [1+1+1]。

关键词　三叠式　重叠　韵律　形态　功能　句法

1. 汉语的重叠结构

汉语口语中常有重叠（reduplication）现象，既有词法层面的，如“慢慢”“绿油油”“漂漂亮亮”等；也有句法层面的，如“看看”“看了又看”“进进出出”等。

* 本文发表于国际中国语言学学会第 24 届年会（北京语言大学，2016 年 7 月）及第三届汉语韵律语法研究国际研讨会（北京语言大学,2016年9月）。感谢与会专家的提问和意见。本文写作过程中，得到了邓思颖教授、端木三教授、冯胜利教授、黄正德教授、沈家煊教授、张凌教授（音序）的点拨与建议，受益良多，特此感谢。

汉语学界对以上几种重叠已有不少研究，成果颇丰。除此之外，汉语中还有以单音节词为基式（base）组成的多次重叠结构，并以三音节式重叠（以下统称“三叠式”）为主要形态，如“对对对”“别别别”“吃吃吃”等。这种结构多见于口语，在书面语中也多出现于人物对话。

重叠是针对构词构形的词法句法手段说的，反复（palilalia）是针对语用或修辞说的。Gil（2005）认为，反复和重叠是一个连续统，两端分别是典型的反复和重叠，中间则是不同程度的兼具反复和重叠属性的形式。汉语的短语和复合词是“同构”（isomorphism）的组织（冯胜利，2005），构词的重叠与构语的反复亦然。刘丹青（2012）将典型的重叠称作“原生重叠”，包括形态性重叠和语音重叠；将处于中间且又不是反复的形式称为“次生重叠”。本文要讨论的便是这种“次生重叠”中的以单音节成分为基式的完全重叠结构。

由于三叠式常出现于口语，本文语料大都来自北京大学CCL语料库（在例句后标注 CCL）、北京语言大学 BCC 语料库（在例句后标注 BCC），包括文学作品、报刊杂志、微博语料、影视台词等。构成三叠式的基本都是成词语素，其中最能产的当属动词，其次是形容词，还有一些副词、名词、代词、拟声词和叹词（见表 1）。

表 1

	XXX
动词	滚滚滚、来来来、走走走、上上上、去去去、吃吃吃、喝喝喝、想想想、在在在、跑跑跑、买买买、卖卖卖、看看看、得得得、是是是、打打打、哭哭哭、笑笑笑、行行行、停停停、考考考、写写写、请请请
形容词	对对对、错错错、痛痛痛、疼疼疼、通通通、笨笨笨、乖乖乖、行行行、凶凶凶、好好好、蠢蠢蠢、爽爽爽、忙忙忙、快快快、慢慢慢
副词	别别别、不不不、都都都、也也也、超超超、特特特
名词	羊羊羊、钱钱钱、虎虎虎、狗狗狗、题题题、酒酒酒
代词	这这这、那那那、你你你、我我我、他他他
拟声词[1]	叮叮叮、呜呜呜、啪啪啪、嘣嘣嘣、嘟嘟嘟、喂喂喂

现代汉语的自然音步是双音节，重叠构词也多是双音式重叠。这种多次重叠结构是怎么形成的，具有什么功能？为什么是重叠三次？是否有内部轻重？同其

① 包括叹词。

他三音节结构在韵律上又有何区别？以上种种，下文将逐一解答。

2. 三叠式的类型与功能

近年来也有不少学者开始关注这种另类的重叠结构，如刘丹青（2009）、杨玉玲（2013）、方寅和段业辉（2015）、李先银（2016）等。① 各位学者从修辞、构式、语用、认知等角度切入，对汉语的这种另类重叠结构进行了不同程度的分析，但至今没有学者从韵律和句法的角度来切入，也尚未对其形态成因和内部结构进行探索。

三叠式是一种开放式的结构，很多词类都可进入，但不同词类所构成的三叠式也有相应的句法位置或功能限制。正如冯胜利（2009）所说，形式（形态）和功能是有对应性的，三叠式必然也有其所对应的语义功能。由此出发，本文以语义的产生为线索，来看不同类型的三叠式。

2.1 动作事件的持续反复

李宇明（1996）提出“所有的词语重叠都与量的变化有直接或间接的关系”。动词的三叠式便是通过重叠来表达动作事件的持续和反复。而形式上的重复次数并不一定就等于实际的次数，应是不限于三次的“多次”。如下所示：

（1）《大红灯笼》已经比前两部片子分寸节奏要好，到了《秋菊打官司》的高潮，秋菊一路跑跑跑，突然拉上来一个面部大特写，收尾。（CCL）

（2）不久，3号道格又厌倦工作，又去找到博士复制了4号，但是由于不是原版复制，所以复制质量越来越差，4号道格已经是有些痴呆的一个傻乎乎、只知道不停地吃吃吃的一个大饭桶。（CCL）

（3）最近逛淘宝上瘾了，鞋子、衣服、围巾、帽子……各种买买买……（BCC）

“跑跑跑”是“秋菊”“跑”这个动作的重叠，说明秋菊一路上都在跑；“吃吃吃”便是对4号道格不停地在“吃”的状态描述；“买买买”便是说话人最近一段

① 各位学者的研究虽不全是以单音节为研究对象（有的以双音节、三音节为基式），但在语义功能上却是相关的。限于篇幅，本文暂不考虑以双音节和三音节为基式的多次重叠结构。

时间里不停地在“买”各种“鞋子、衣服、围巾、帽子”。这类三叠式便是在总时段内动作事件的持续反复，或可称为“反复体”①。

2.2 程度加深

量的增加往往也伴随着程度的加深（intensify），形容词和副词所表词义在某种程度上可以说是得到“确认”，类似于英语受 indeed、really、very 修饰的情况。换句话说，这种三叠式是一种在形态上表示程度加深的标记。如下所示：

（4）你的新发型真的好帅啊，我超超超喜欢！（BCC）

（5）人生大起大落得太快，实在太太太刺激了！（BCC）

例（4）中的“超超超”的基式是程度副词，重叠之后语义上程度加深，实际上等于“真的超”；例（5）的“太太太”亦然，表达的就是“真的太”。

这种名词、动词、形容词、副词重叠后表程度加深的用法，并不是汉语独有的。Gulli（2003）考察意大利语和意大利卡拉布里亚方言（Calabrian）中的重叠现象时，也注意到了重叠有强调“典型性”（reading of prototypicality）的用法。如下所示：

（6）interessante interessante > really interesting

（7）È molto molto caldo. > It’s very, very hot.

（8）Do you LIKE-like him? > Do you really like him?

以上例子中，重叠式是句子中被强调的部分，是整个句子的焦点，只不过通常用副词等焦点标记来突显的功能被形态上的多次重叠而取代。

2.3 强调

2.3.1 应答

还有一类专门出现在应答语中的三叠式，常常伴随较快语速，体现一种急于表达某种态度的功能。副词、形容词、动词、名词等都能进入这一类。这里的强调并不是单纯的程度加深，而在于强调说话人对所说话语的“恳切”“确认”和“真实性”。如下所示：

① 术语来自李宇明（2002）。

（9）我提议请他吃顿饭，以示庆贺。他赶紧说："不不不，该我请你。该我请你。给你添了不少麻烦！"（梁晓声《表弟》）

（10）那些遛鸟的老爷子们纷纷朝他打招呼……英夫捧着他的鸟笼子，不迭地向大家点头："好好好！早早早！吃了吃了吃了！您吃了吗？嗨嗨，嗨嗨，谢谢，谢谢！"那模样儿真够逗的，几位老爷子忍不住笑了。（施亮《黑色念珠》）

例（9）的"不不不"是对"我"提议请吃饭的否定回答，通过重叠表示对拒绝的强调和自己请客的诚意；例（10）的几个重叠结构，都是英夫对"老爷子们"打招呼的应答，强调了所表达态度的恳切与真实。

2.3.2 祈使

量的增加往往也体现了情绪的增强，即用音段形式的量化来体现音段所代表语义和说话者情绪的量化或强化。这种急切是说话者所要表达的情绪，通常是对他人的命令或请求，大都伴随较快语速，是带有催促意味的祈使。这一类作为述语，多为动词、形容词。

（11）大三急慌慌地：谁也没瞅见。快快快，关门关门，把门关上。（《鬼子来了》）

（12）她不耐烦地一摆手："滚滚滚，谁家的小孩，捣什么乱！"（《故事会》）

（13）"是您呐。来来来，请坐请坐。"（凌非《天囚》）

例（11）中的"快快快"与"大三急慌慌"的情绪互相呼应；例（12）的"滚滚滚"也和"她"的"不耐烦"情绪互相呼应；例（13）的"来来来"便等于"快来"；如果单用基式的话，虽然也是对特定对象的命令或者请求，但如果没有催促义副词的修饰，便没有了"强调"的语义，因而可以说这种用于祈使句的三叠式是突显焦点的形态标记。

2.3.3 呼语

口语中常常出现呼语（vocative），有用称谓名词、人称代词等的称呼语，如"你你你""他他他"；或者用语气词、叹词的招呼语，如"喂喂喂""喏喏喏"。邓思颖（2010：231～232）提到，有的叹词用作呼语，跟听话人有关。呼语之后往往还有"后话"，呼语的作用是将后话引介出来。三叠式的呼唤性质是呼语的句法结构意义，而非重叠带来的意义。重叠在这里的作用是通过重叠"量化"的基本义来强调所指，即强化言语的信息度，提醒听话人注意等。

2.4 转引

2.4.1 拟声和拟声化

刘丹青（2009）提出汉语具有一种“实词的拟声化重叠”，是一种深度的去范畴化。其语义效应主要是突显能指，尤其是其语音，而抑制其所指，即原有的词汇语义和词类意义。它更接近构形形态，不是构词形态，具有无限的类推性和很强的临时性，在词库中毫无位置。拟声重叠和拟声化重叠，是量化的直接体现。除了拟声词外，其他任何词类同样可以进入拟声化用法的三叠式。

（14）据楼下邻居反映，约7时20分，听到楼上有他们母子的吵闹声，接着传来“咚咚咚”的脚步声，紧接着又响起金属撞击水泥板声。（CCL）

（15）两人默默吃着饭，除了老头子不断地粗着喉咙叫“吃吃吃”外，似是没有什么其他沟通和交流。（程乃珊《外婆家纪事》）

例（14）的“咚咚咚”是拟声词的拟声重叠，形象地表现了不断传来的脚步声；例（15）的“吃吃吃”则转引了“老头子”一直在说的话语，是实词的拟声化重叠。

2.4.2 话题化

刘丹青（2009）提到的“重叠式话题”是拟声化的另一种用法。这种话题是说话人反复听到的话或泛指经常听到的话，具有一定的转述性质，也就是具有“拟声性”。其后所接的述题大都是负面评论，体现了说话人对此引语（quote）不耐烦的态度。

（16）你烦死了。钱钱钱，那点小钱，有什么好争？（六六《双面胶》）

（17）哭哭哭！你就没有个够啦？你听，鬼子在笑你呐！再哭！（冯德英《苦菜花》）

（18）凶凶凶，反正你们一个个的都凶死我好了。（BCC）

例（16）的“钱钱钱”转引的是说话者口中的“你”经常挂在嘴边的话，其后的述题便是对所引语句的负面评价；例（17）的“哭哭哭”转引的是说话者所说的“你”一直在进行的动作，之后的述题同样表达了一种厌烦的情绪；例（18）的“凶凶凶”所引的是“你们”对说话者的态度，其后的述题表达了说话者的厌烦和愠怒。

不难看出，重叠式话题不仅与“量”的变化有关，也与延续时间有关。不论是名词、动词，还是形容词，都表达了在一个时间段里，事物经常出现或被提及，动作事件反复发生，性质状态不断呈现。由于重叠式话题的基本义是对所指现象的“量化”呈现，翻来覆去，反反复复，说话人也不胜其烦。

2.5 小结

三叠式的基本义是“量化”，由此出发，引申发展出不同的语义，再经过话题化和拟声化，去范畴化为不同于原本的用法。下图便直观显示出了这几种语义和功能的内在联系：

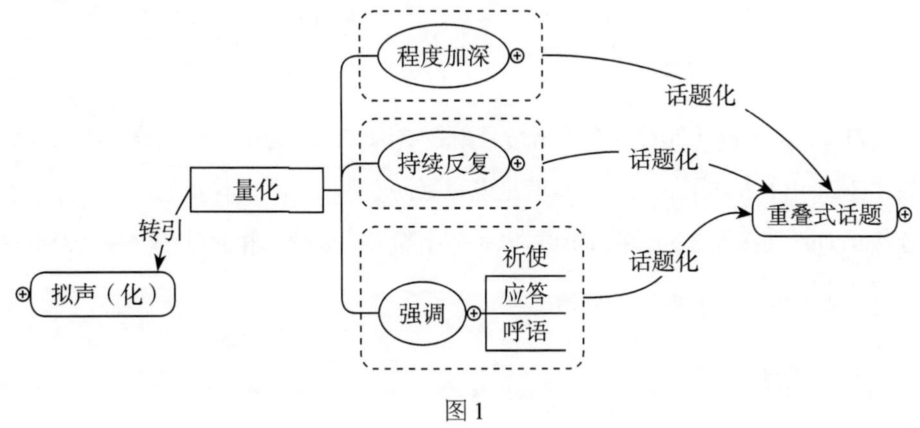

图1

3. 三叠式的句法分析

重叠既可以是构词手段，如前文提到的“慢慢、绿油油”等；也可以是构形手段，如尝试体的“看看、听听”等。三叠式的“重叠”则更倾向于是一种构形手段，也就是说，三叠式并不是一个在词库里有位置的成分，而应是句法操作的产物。

3.1 可选方案

Gulli（2003）从生成语法（generative grammar）制图理论（cartographic approach）角度，认为重叠结构内部是通过限定短语（FinP）的“拷贝—删除”（copy-delete）操作而生成的。

重叠结构与并列结构在形式上相近。从句法上来看，并列结构由一个连接词（conjunction）相连，如 Kayne（1994）所说的 [DP_i [and DP_j]]，其中 and 是中心语（head），DP_j 是其补足语（complement），而 DP_i 则在指定语（specifier）位置。且连接词有时可呈隐性（covert）形式出现。Tang（2015）提出“广义联合结构”来解释小句和语气词的句法结构。如图 2 所示，F 便是一个隐形的连接词，连接小句 YP 和语气词 XP。

图 2　　　　图 3

Zhang & Tang（2013）在分析量词重叠结构时，认为由量词重叠形成的分配短语（DistP）应如图 3 所示。也就是说，量词重叠结构并非拷贝的结果，而是由连接词 Dist 连接而成的，而 Dist 可以是一个隐形的成分。重叠结构内部是否也有这样一个隐形的功能词呢？

3.2 初步分析

根据前面几位学者的方案，结合三叠式的语法特征，本文初步拟定了一个三叠式的生成方案。三叠式（RedupP）是一种基式的完全重复，其结构应如下所示：

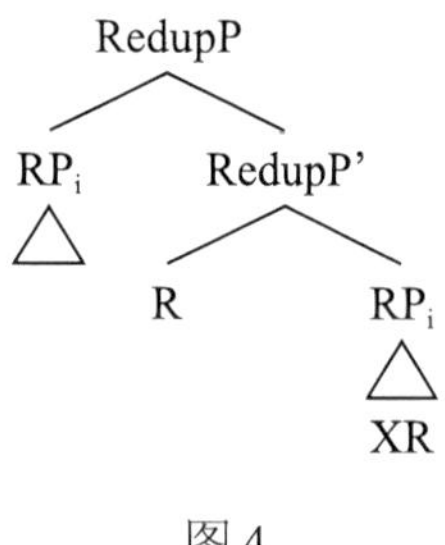

图 4

这类现象不同于一般意义上的重叠，而是在重叠短语 RedupP 中的句法操作，通过隐性功能词 R 的连接作用得到重叠结构。RedupP 具有递归性（recursive），能再出现在 RP 之内，形成多次重叠。换句话说，XP 可以是 VP、NP、AP、PP 和 RedupP：

（19）XP = VP：$[_{RedupP}$ VP [R [VP]]]

XP = RedupP：$[_{RedupP}$ VP [R $[_{RedupP}$ VP [R [VP]]]]]

三叠式大都可以独立成根句（root clause），也可以在句中做话题、述语、状语、定语等成分，且在不同的句法位置对应了不同的语义功能。当 RedupP 附接到不同句法位置时，便具有了以上所述的不同功能。

“持续反复”类是 RedupP 附接到 AspP 而成，这类 RedupP 和时间有关，是在一个时段内反复进行某一动作；“程度加深”类是 RedupP 附接到 AdvP 或者 TP 而成[①]；“呼语”也就是 RedupP 向上附接到 FP 位置；“重叠话题”是 RedupP 附接到 TopP；而“拟声化重叠”便是作为纯引语，去范畴化为几近于拟声词的成分，除了“量化”基础义外，三叠式的句法语义内涵几乎消解，只留有语音形式的外壳。至于独立成句，表达命令请求的祈使和急于表态的应答，则是与不同层次的语调合并。这两类也分别代表了祈使句和陈述句两个句类。邓思颖（2010：153）提到判断句类最基本的形式手段应该是“语调”，并将汉语抽象的语调看作标句词 C，附接于时间短语 TP 形成标句短语 CP。那祈使类重叠和应答类重叠便应是和表示不同语气的标句词合并而产生的。下面用“Ø”来表示句类的语调：

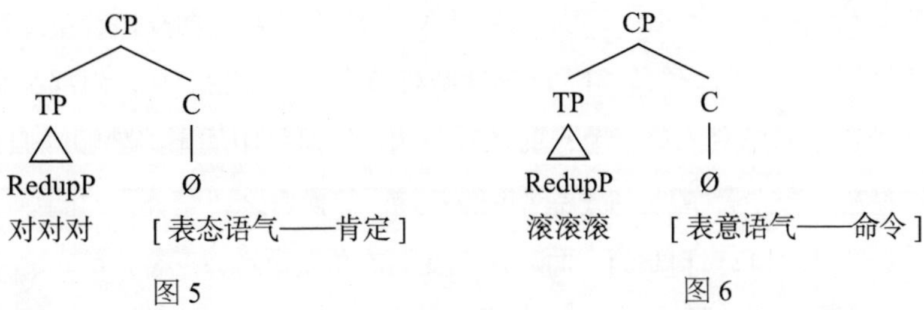

图 5　　图 6

按照这个方案，重叠短语 RedupP 可以递归生成不限词长的重叠结构。句法部门只负责生产重叠短语 RedupP，至于具体的重叠次数，还得依赖于韵律的筛选。

① 程度加深类的三叠式也有可能是由词法产生的纯粹形态上的重叠，也就是发生在 PF 层的重叠。由于此处对本文的结论影响不大，便不展开说明，将另外专文讨论。

4. 三叠式的韵律分析

4.1 汉语音步结构与三叠式

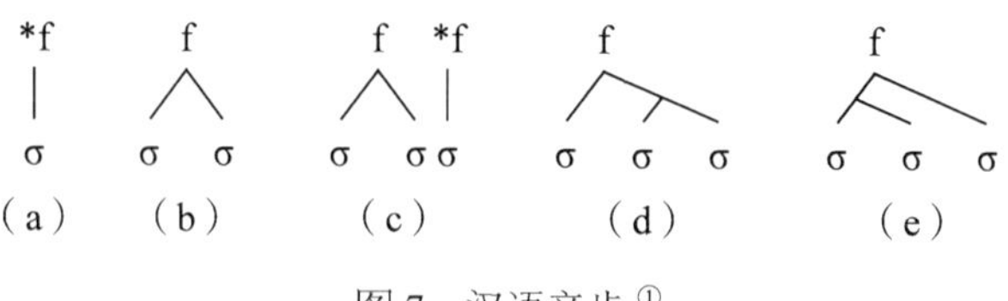

图 7 汉语音步 ①

根据冯胜利（1997，2008），现代汉语的单音节成分不足以构成一个独立的音步，如图 7（a）所示；双音节才是汉语的标准音步（standard foot），如图 7（b）所示；三音节组合不能构成两个音步，介乎标准音步和四音节的复合音步之间，如图 7（c）所示；挂单的第三个音节必然依附于一个双音节音步之上，即由一个标准韵律词和一个单音词组合而成，构成“超音步”（super foot），如图 7（d）、图 7（e）所示。因此，汉语的三音节也就只能是右起音步 [1+2] 或者左起音步 [2+1] 的音步结构。根据冯胜利（2013），汉语中 [2+1] 是构词音步，如“复印件”“出租车”便是偏正式复合名词；[1+2] 是短语音步，如“印文件”“租马车”便是动宾短语。

无论是双音节的标准音步还是三音节的超音步，其结构内部亦有轻重之分。按照当代韵律学的两条准则——“相对轻重原则”和“音步二分原则”，汉语的自然音步是一个最小“轻重”片段，即“（X 重）（X 轻）”。而在超音步结构中，根据“单轻双重原则”，有 [1+2] 与 [2+1] 两种形态的超音步结构，内部都是先结合的双音节重于后结合的单音节；而像“墨西哥”这种中间不能停顿的 [1+1+1] 式纯韵律结构，三个音节便无孰轻孰重的差异了。换言之，三叠式的韵律结构有三种可能：[1+1+1] [2+1] [1+2]。而从连上变调的角度来看，三叠式第一、第二音节都要变为阳平，由此可排除 [1+2] 的可能。如下：

（20）a. [跑跑跑]：[35+35+214]

b. [跑跑]+[跑]：[35+35]+[214]

c. [跑]+[跑跑]：* [21]+[35+214]

① 音步图引自冯胜利（2008）。

Lai & Kuang（2016）运用实验语音学的方式测试了现代汉语三音节结构的韵律模式。他们认为，现代汉语中的三音节可分为三种形式：左分支的复合词（CW）、右分支的名词短语（NP）、右分支的动词短语（VP）。在声调协同发音（tone coarticulation）方面，CW、NP、VP 三类三音节结构前两个音节较第三个音节更为紧密。在辅音弱化（consonant lenition）方面，语速较快时，CW、NP、VP 三类三音节结构的第二音节声母都短于第三音节；但在语速较慢时，VP 类的第二音节声母都长于第三音节。总体上，他们认为现代汉语三音节应为 [2+1] 的韵律模式，前两个音节可以跨越词法或句法边界结合得更为紧密。同样作为超音步的三叠式，其韵律结构究竟如何，需要更深入的实验与分析。

按刘丹青（1993）所述，重叠是汉语中最典型的形态手段，也是汉语各方言中最重要的形态手段。而绝大多数的形态现象都受到节律的严重制约，并依强度分为三级：第一级是刚性制约，违反制约便不合法；第二级是柔性制约，违反制约也勉强合法；第三级是量性制约，形态制约在使用上向某种音节形式倾斜。冯胜利（2009：16）也提出，“句法的运作不仅要形态来启动，也要形态来保证”。在某些句法现象里，韵律与形态的功能别无二致，也就是说，汉语是一种把韵律作为形态标记来使用的语言。

综合以上学者的观点与本文的观察，是不是可以做这样一种假设：汉语中表达以“量化”为基础义的持续反复、强调、程度加深等语义功能的多次重叠结构其实也是一种形态，因受韵律的制约，以单音节为基式的多次重叠结构倾向于以三叠式的形式出现。除此之外，这种形态制约应该是一种量性制约，RedupP 在句法层中生成不限次数的重叠短语，但经语音层的过滤则向三叠式严重倾斜。换句话说，三叠式是标准形态，双音节式重叠结构（以下统称二叠式）或四音节式重叠结构（以下统称四叠式）也勉强可以接受，但不自然，也不常用。下面通过几组语音实验来进一步验证以上假设。

4.2 实验分析

4.2.1 语感实验

针对上文做出的功能分类，设计出相应的语境，并分别给出不同的对立项，如“X”“XX”“XXX”“XXXX”。让被试根据语境和语感，给这些句子选择“最不好、不好、一般、好、最好”的等级。样本量为 30 人次，皆为普通话母语者。我们用以下几组为例，呈现不同结构的统计数据（只统计“好”和“最好”的数据）：

（21）a. 持续反复：秋菊一路跑 / 跑跑 / 跑跑跑 / 跑跑跑跑。

b. 程度加深：我超 / 超超 / 超超超 / 超超超超喜欢这首歌了。

c. 祈使：滚 / 滚滚 / 滚滚滚 / 滚滚滚滚，别在这儿杵着。

d. 应答：好 / 好好 / 好好好 / 好好好好，都依你。

e. 呼语：喂 / 喂喂 / 喂喂喂 / 喂喂喂喂！

f. 重叠式话题：钱 / 钱钱 / 钱钱钱 / 钱钱钱钱，整天就是钱，烦死了。

g. 拟声化：以后要叫姑爷，别再他 / 他他 / 他他他 / 他他他他的了。

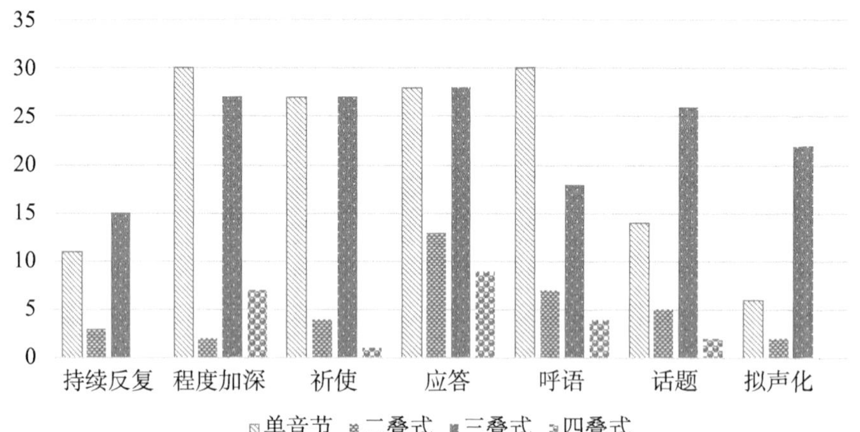

图 8　问卷统计

在持续反复、话题、拟声化三类中，三叠式要明显好于单音节，这与三叠式“量化”的基本义相关，单音节无法表达“量化”意义；在程度加深、祈使、应答、呼语等类中，单音节可利用“延长音段”或“加重”的方式来获得强调程度及其引申意义，是别于重叠操作的另一种超音段韵律手段；而在独立成句的类型中，单音节只要带有相应的语气句调便可成句。

在各种类型中，三叠式都要好于二叠式。原因在于一定的形式对应一定的功能，而二叠式的形式已被其他用法占据：动词重叠通常表达“尝试”意味；副词重叠则有表程度（大大）、范围（通通）、频率（连连）、时间（刚刚）、方式（侃侃）、数量（足足）等典型的用法；名词、量词重叠也有表遍指的意义，如“桌桌”“个个”等。也就是说，二叠式的动词、副词、名词、量词等都已经有了各自固定的意义，不能身兼多职。三叠式也要好于四叠式，四叠式可看作两个二叠式的叠加，且四叠式的接受度依赖于二叠式的接受度。①

4.2.2 对比实验

根据上文的分析，本实验设计了祈使、应答、话题、持续反复、程度加深等几种语境下的最小对比对，并控制变量。两个实验共邀请了 6 名普通话发音人。录音时，会给发音人 4 句有书面语境的语料，在熟悉语境之后，按平常的说话习惯连同上下文语境一起说出。

4.2.2.1 声调协同发音

根据林茂灿等（1984）、Lai & Kuang（2016），声调协同发音在双音节和三音节韵律单位中作用明显，尤其是在调域跨度比较大的时候，如阳平（T2）和去声（T4）。声调协同发音作用较强的相连成分结合就越紧密。本实验以较快语速的祈使类、应答类和较慢语速的话题类、程度加深类的阳平和去声作为样本，观察三叠式内部三个音节（X1、X2、X3）的协同发音情况。实验要求每个发音人每句读 6 次，前 3 次用慢语速，后 3 次用快语速。也就是说，本实验共 144 句语料（6 个发音人 × 读 3 次 ×2 种语速 ×4 个例句）。实验使用 SONY ICD-UX543F 录音笔。录音后在 Praat 软件中用 ProsodyPro 脚本（Xu，2013；张凌、邓思颖，2016）切分音节并测量基频 f_0。每个音节共 11 个音高点，T2 去掉第一个音高点，T4 去掉首尾两个音高点。之后再对测量得出的基频进行归一化处理，计算每个音节每个音高点 z-score（朱晓农，2010）的平均值。

（22）<u>别别别</u>，有话好好说。

（23）<u>对对对</u>，就是这个。

（24）<u>钱钱钱</u>，整天就是钱，烦死了。

（25）我<u>更更更</u>喜欢你了。

① 李先银（2016）调查了《金婚》中“去”的叠连情况，其中三叠式（40.95%）最多，其后依次为单音节（40%）、二叠式（12.40%）、四叠式（2.85%）、五叠式（2.85%）、七叠式（0.95%）。三叠式为最显著的形式，可作为旁证。

祈使类：别别别
2
1.5
1
0.5
0
−0.5
−1
−1.5
慢速
快速

图 9

应答类：对对对
2
1.5
1
0.5
0
−0.5
−1
−1.5
−2
慢速
快速

图 10

话题类：钱钱钱
2
1.5
1
0.5
0
−0.5
−1
−1.5
慢速
快速

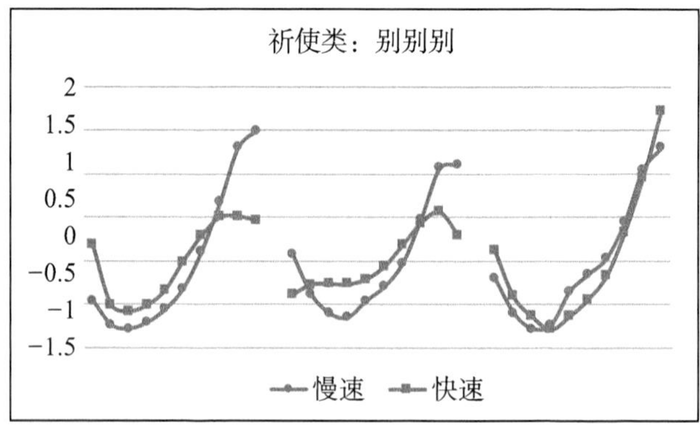

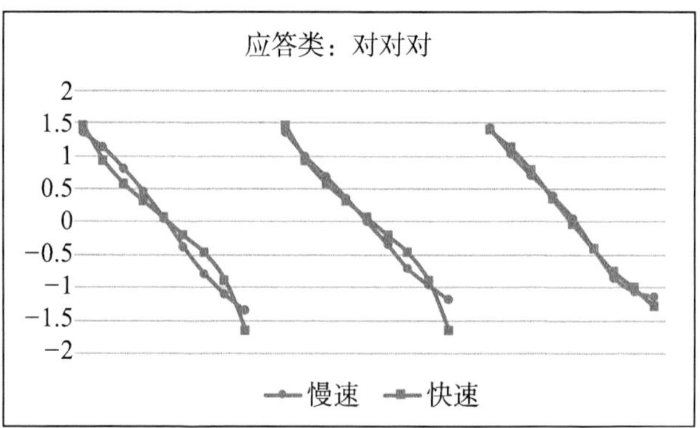

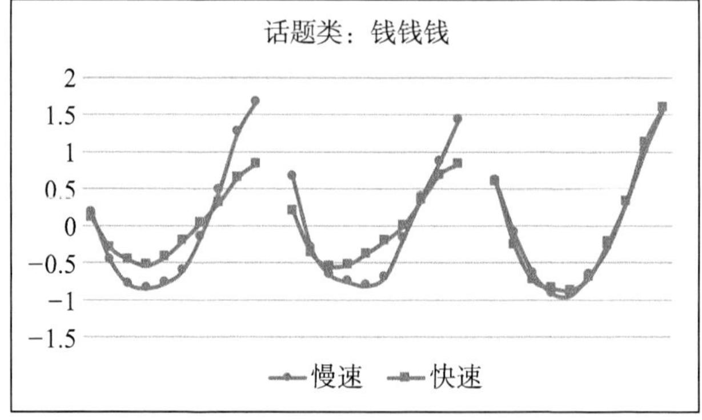

图 11

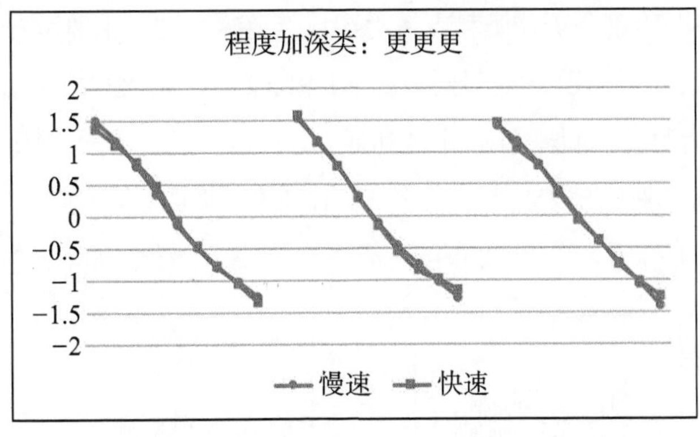

图 12

由上面四幅图可见，在较慢语速的情况下，四种类型在阳平（T2 + T2 + T2）和去声（T4 + T4 + T4）的情况下协同发音作用均不明显；在较快语速的情况下，只有阳平调祈使类和话题类的 X1 和 X2 有明显的协同发音作用，而去声的应答类和程度加深类则作用不明显。需要注意的是，祈使类和话题类的三叠式都是独立成小句的，即使加快语速，X3 也可以利用处于句末的位置优势来延长音节，也就是句末拉长（final lengthening）。

4.2.2.2　时长对比

本实验对比三叠式内部三个音节的时长，并关注音节之间的松紧度以及是否有合音、脱落等现象。录音后在 Praat 中用 TextGrid 进行标注。

（26）<u>别别别</u>，有话好好说。

（27）<u>对对对</u>，就是这个。

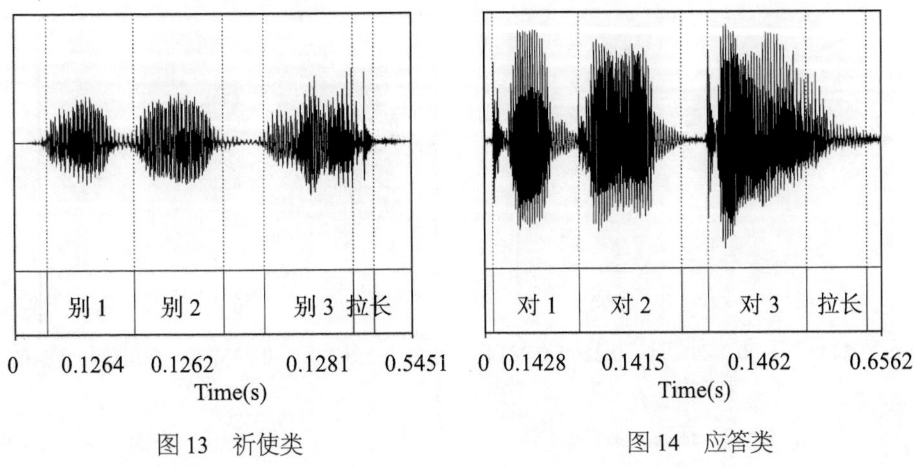

图 13　祈使类　　　　图 14　应答类

上面两幅图分别是祈使类和应答类在自然语流中切出来的声音。由于这两类通常语速较快，“别别别”“对对对”的 X1 和 X2 时长较 X3 更短且结合紧密，与 X3 之间有较为明显的间隔，如图 13 所示；“对对对”第二音节声母较为弱化，又因处于小句末，受到句末拉长作用的影响，X3 出现明显的拖音，如图 14 所示。在语速更快的情况下，X2 声母直接脱落，X1 与 X2 合音，如下图所示：

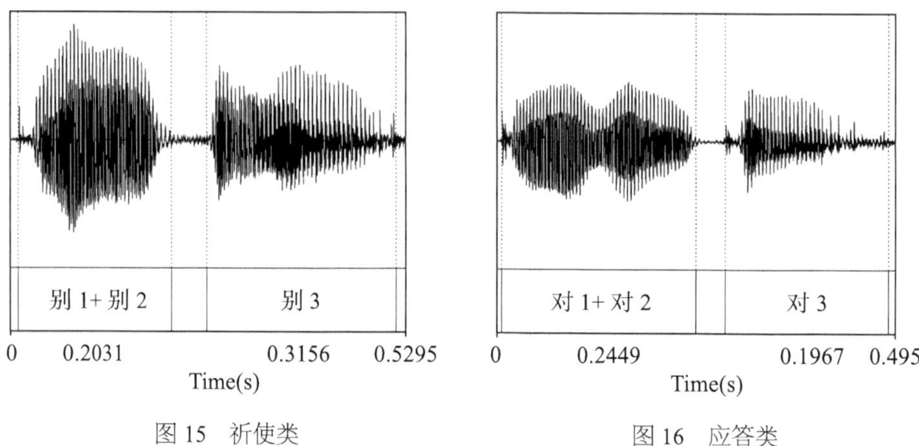

图 15　祈使类　　　图 16　应答类

冯胜利（2013）提出，现代汉语三音节具有变异性，如北京话中的“大拇指”在语速、语体等条件允许的情况下会念成 [dam zhi]，这样便把中间的音给吞掉了。这两类三叠式的韵律结构应为 [2+1]。

（28）哭哭哭，就知道哭。

（29）我超超超喜欢那本书。

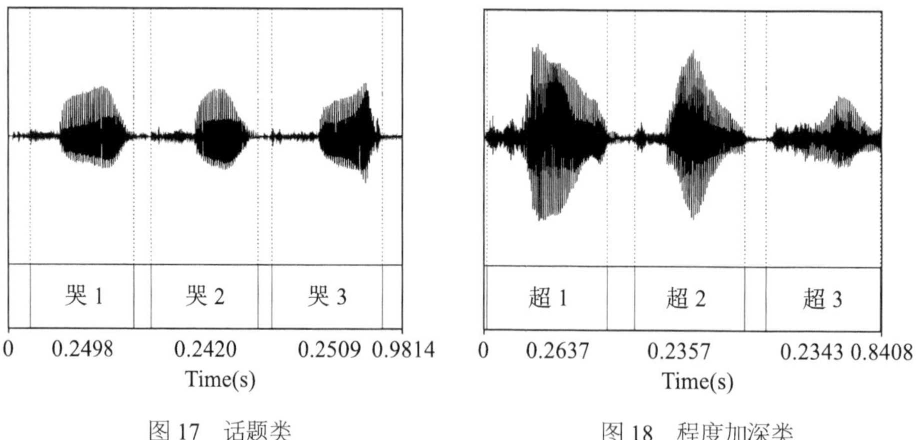

图 17　话题类　　　图 18　程度加深类

上面两幅图分别是话题类和程度加深类在自然语流中切出来的语音。二者语速都比较慢，三个音节相对独立，长度也基本相等。话题类虽然处于小句末，却没有明显的句末拉长；而程度加深类处于句中，更好地排除了句末拉长的影响。即使是语速较快的持续反复类，句法位置不同，对韵律结构也会造成影响，如下所示：

（30）如果你一直<u>买买买</u>的话，……

（31）最近各种<u>买买买</u>。

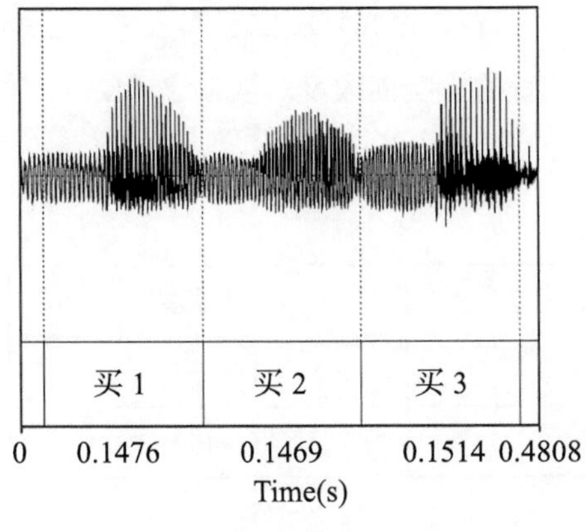

图 19　持续反复类：句中

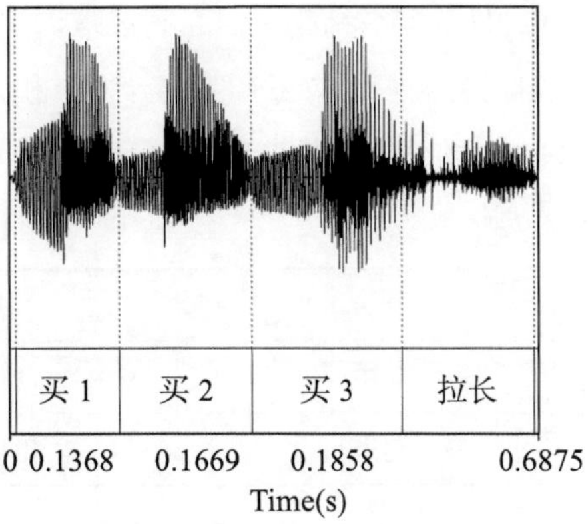

图 20　持续反复类：句末

例（30）是处于句中位置的“买买买”，三个音节基本等长，如图 19 所示；例（31）是处于句末位置的“买买买”，X3 时长较长，句末拉长影响显著，X3 后面有一长串拖泥带水的音段，如图 20 所示。

（32）门外<u>梆梆梆</u>地响。

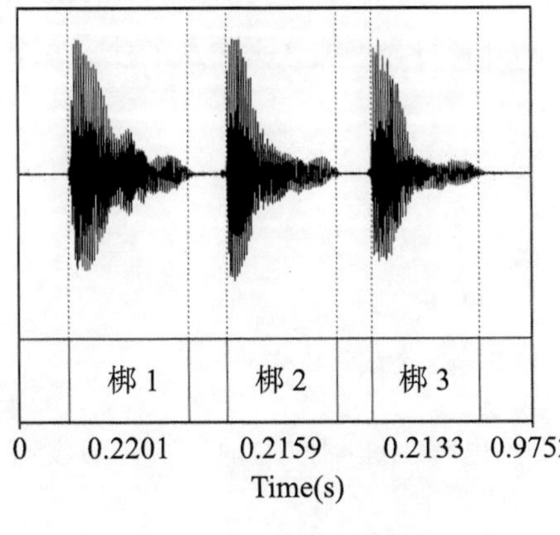

图 21　拟声类：慢语速

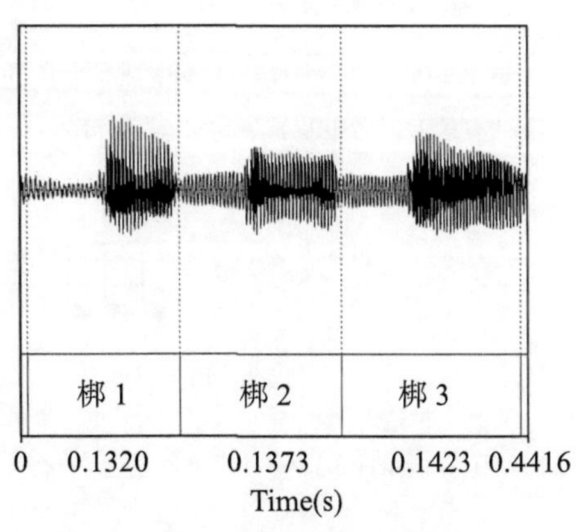

图 22　拟声类：快语速

上面两幅图分别是拟声类在自然语流中切出来的声音。二者都处于句中，当语速较慢时，是音长几乎相同的三个并列音节；当语速较快时，X1 和 X2 虽然相对较短，却不如处于句末的三叠式有明显的 [2+1] 的区隔现象。快语速和 X3 拉长可以说是相应而生。此时，与其说 X3 变长，不如说 X1 和 X2 是因语速快而压缩变短，从而突显了 X3 更长。

可见，语速快慢和句法位置对三叠式的韵律表现影响很大。如果排除语速和句末拉长的干扰，三叠式应该是由三个几乎等值的相同音节连缀而成的，也就是 [1+1+1] 的韵律结构。但当其进入语流之后，随着语速和句法位置的变化，还是很容易受到汉语“三音节变异性”和句末拉长的影响而改变。换言之，[2+1] 是 [1+1+1] 在语流中的变体。如下所示：

表 2

	快语速	慢语速
句中	[1+1+1]①	[1+1+1]
句末	[2+1]	[1+1+1]

4.3 音乐与韵律

音乐领域的节奏拥有四个要素：律动、时值、重音和速度。其投射到语言领域，便是节律、音长、音强和语速。音乐的节奏有多种类型，一首曲子是由相同长度的小节循环重复而成的，人们说话不可能像音乐一样每句话的长度都相等，但也有其自己的节奏。

三叠式在音乐里面呈现为“三连音”（triplets），即三个时值相等的音符连成一组，呈现一种明快的节奏。就时值而言，四分音符为一拍，一拍六十秒，一个三连音等于一个四分音符，等于两个八分音符。

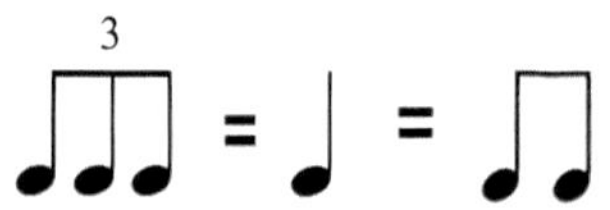

图 23 1 个三连音＝ 1 个四分音符＝ 2 个八分音符

虽然说话的节律不同于音乐节律，但二者也有相通相似的地方。音节没有

① 在语速更快的情况下，受三音节变异性的影响，也有可能变为 [2+1]。

标准长度，只能看相对时长。因此，本文控制变量，创造相同的环境，来考察在这个位置使用的单音节、二叠式、三叠式之间的异同。经过测试，三叠式中的单字的时长依次短于二叠式、单音节的单字时长；三叠式的总时长也依次长于二叠式、单音节，但差距并不大。假设每个小节的时长一定，如果一个小节有四拍，一个单音节按一个四分音符（4/4 为一拍）算；如果一个小节有三拍，一个二叠式便是一拍（3/4 为一拍）；如果一个小节有两拍，一个三叠式便是一拍（2/4 为一拍）。换句话说，在表达三叠式功能的语境之下，如果换成单音节，则必须是延长音段的一个音节。

但需要注意的是，三连音只是理论上的三个完全相同的拍子，实际演奏中，三连音也常常不是完全平均化的三拍。如下所示：

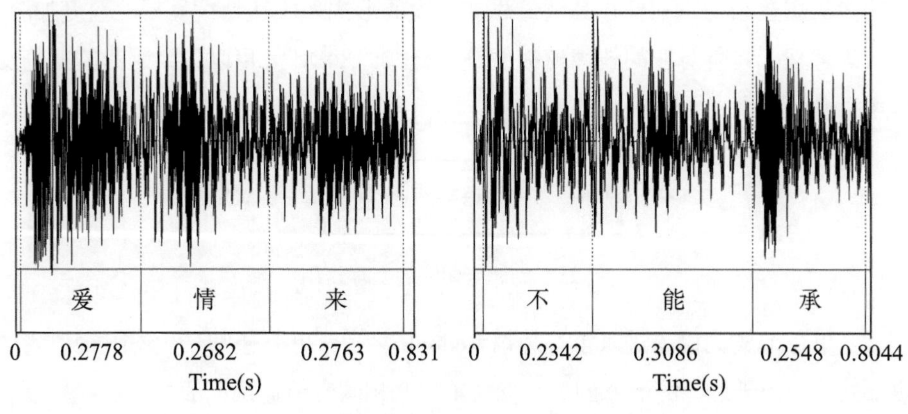

图 24 歌曲《龙卷风》三连音片段

以上两组歌曲的三连音片段中，“爱情来”呈现了 [1+1+1] 的韵律结构，“不能承”则为 [2+1]。三叠式进入实际语流中时，也会因受到三音节变异性、语速、句末拉长等因素的影响变为 [2+1]。只有在不加快语速，不处于句末的特定环境下，才能够还原呈现 [1+1+1] 的韵律结构。即是说，三叠式的韵律结构是一个变异性很强的韵律结构。

5. 余论

重叠既是词法手段，也是句法手段。句法层面的重叠产生了多次重叠结构，具有独特的句法语义功能。其经语音层的韵律筛选，成为了口语中常见的三叠式。从语义上看，三叠式由基式语义叠加产生了动作反复的意义，随后产生了程度加深，带来语义上的强化；当三叠式进入不同句类，带有一定语气句调之后，随之产生了祈使、应答；话题化之后的三叠式亦常带有负面评价的用法；跨范畴的拟声化用法则消解了不同词类基式本身的句法语义功能，突显能指，弱化所指。句法上，三叠式内部包含了隐性功能词，并通过隐性功能词的连接作用得到重叠结构，而在不同的句法位置，产生了不同的语义功能。

韵律具有形态功能，汉语的形态除了可以通过音段形式来实现，也可以通过如声调、重音、长短、节律等超音段形式来标记（冯胜利，2009：25）。王丽娟（2015：61）进而提出，重叠作为一种重要的形态变化，是通过添加音段成分来表达语法意义的，但重叠的音段形态要受到语音形式长短的制约，重叠后的形式形成了一个韵律模板（prosodic template），这便属于超音段手段。以单音节为基式的多次重叠结构，同样也是通过添加音段的形式来表达持续反复、程度加深、强调等意义，其所对应的韵律模板便是三叠式“XXX”。可以说，因为韵律的反作用，这种三叠式得以产生。

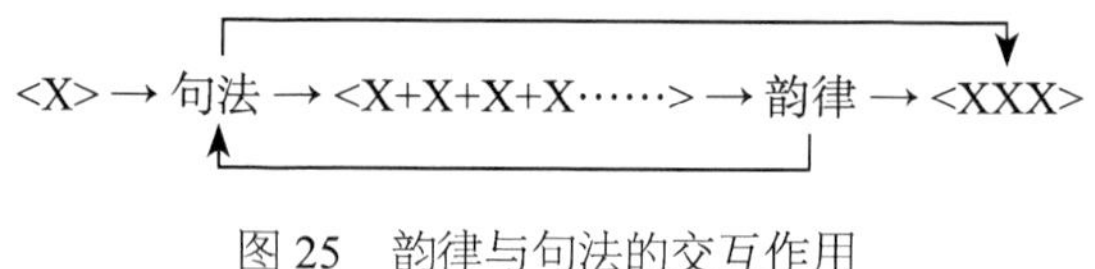

图 25　韵律与句法的交互作用

当单音节成词语素进入重叠短语 RedupP 之后，可以递归产生不限词长的重叠形式，而由于韵律的形态制约，形成了三个相同音节连缀而成的三叠式。没有进入自然语流的三叠式应该是 [1+1+1] 型韵律结构，形成一个独立的语调单位，并作为一个整体在不同的句法位置和句类中表达相应的功能。而三叠式进入语流时，也受到三音节变异性、语速、句末拉长等因素影响，在某些句法位置变为 [2+1] 的韵律结构。[①]

三叠式的这种韵律结构在汉语中为“异”，但从语言普遍性的角度来观察，或可称之为“同”。三叠式结构并非仅存在于汉语当中，在其他语言里，当表达持续反复、程度加深、强调等意义的时候也会倾向于使用三叠式，如下：

（33）英语：go go go、move move move、no no no ……

（34）法语：oui oui oui ……

① 如果按照端木三教授对汉语三字组音步的分析，语流中三叠式的 [2+1] 的韵律结构也可描写为“（XX）（X0）”或“（SW）（S0）”，由句末拉长作用而产生的延长音段由一个空拍“0”来表示。具体可参考端木三（2000，2016）。

（35）西班牙语：allez allez allez ……

（36）日语：はい はい はい、トラ トラ トラ……

不同的语言拥有不同的韵律结构，但都用三叠式结构来表达相同功能。究其原因，可能与“前语言韵律”（pre-prosody）[①] 有关。就如音乐是人类共通的语言，三叠式的节律无论是在音乐领域还是在语言领域，都与其所承载的功能相连。每种语言自身音系的不同特性使其“韵律短语”也不尽相同，三叠式这种具有普遍性的韵律结构，或许不应看作一般所说的“韵律短语”，而是一种“超韵律体系”的韵律单位。

我们综合前面几节的句法语义分析与语音实验结果，最后来回应前文的假设：

第一，多次重叠是表达以量化为基础义的持续反复、程度加深、强调等语义功能的一种形态手段，当然，可以重叠不止一次。

第二，受前语言韵律的形态制约，以单音节为基式的多次重叠结构倾向于以三叠式的形式出现；加之汉语特有的韵律结构的影响，前语言韵律也在某种程度上入乡随俗，三叠式的形态制约变成了一种量性制约，即以三叠式为标准形态，二叠式或四叠式可以接受，但不自然，也不常用。

第三，除此之外，现代汉语是以双音节为标准音步的语言，最大音步也不过是三音节的超音步，四音节则由两个标准音步组成。二叠式已经有其对应的句法语义功能；四叠式常被当作两个双音节连用的 [2+2] 形式，在内部产生韵律边界；三叠式则是大于二叠式的最小的音步结构，符合语言的经济性要求。

参考文献

邓思颖 . 2010. 形式汉语句法学 . 上海：上海教育出版社 .

端木三 . 2000. 汉语的节奏 . 当代语言学，（4）：203-209+278.

端木三 . 2016. 音步和重音 . 北京：北京语言大学出版社 .

方　寅，段业辉 . 2015. 单音节词三叠式的分布、功能及意义 . 汉语学习，（1）：23-29.

冯胜利 . 1997. 汉语的韵律、词法与句法 . 北京：北京大学出版社 .

冯胜利 . 2005. 轻动词移位与古今汉语的动宾关系 . 语言科学，（1）：3-16.

冯胜利 . 2008. 论三音节音步的历史来源与秦汉诗歌的同步发展 . 语言学论丛（第三十七辑）. 北京：商务印书馆 .

① “前语言韵律”就是没有进入特定音系系统之前的生理节律。此概念得益于冯胜利教授。

冯胜利 . 2009. 论汉语韵律的形态功能与句法演变的历史分期 . 历史语言学研究（第二辑）. 北京：商务印书馆 .

冯胜利 . 2013. 汉语韵律句法学（增订本）. 北京：商务印书馆 .

李先银 . 2016. 自然口语中的话语叠连研究——基于互动交际的视角 . 语言教学与研究，（4）：84-93.

李宇明 . 1996. 论词语重叠的意义 . 世界汉语教学，（1）：10-19.

李宇明 . 2002. 论“反复”. 中国语文，（3）：210-216+286-287.

林茂灿，颜景助，孙国华 . 1984. 北京话两字组正常重音的初步实验 . 方言，（1）：57-73.

刘丹青 . 1993. 汉语形态的节律制约——汉语语法的“语音平面”丛论之一 . 南京师大学报（社会科学版），（1）：91-96.

刘丹青 . 2009. 实词的拟声化重叠及其相关构式 . 中国语文，（1）：22-31+95.

刘丹青 . 2012. 原生重叠和次生重叠：重叠式历时来源的多样性 . 方言，（1）：1-11.

王丽娟 . 2015. 汉语的韵律形态 . 北京：北京语言大学出版社 .

杨玉玲 . 2013. 汉语词语叠连的类型及其功能 . 汉语学习，（6）：26-32.

张　凌，邓思颖 . 2016. 香港粤语句末助词声调与句调关系的初探 . 韵律研究（第一辑）. 北京：科学出版社 .

朱晓农 . 2010. 语音学 . 北京：商务印书馆 .

Gil, David. 2005. From repetition to reduplication in Riau Indonesian. In B. Hurch, *Studies on Reduplication*. Berlin: Mouton de Gruyter. 31-64.

Gulli, Antonino. 2003. *Phrasal Reduplication in Syntax*. Ph.D. dissertation, The City University of New York.

Kayne, Richard. 1994. *The Antisymmetry of Syntax*. Cambridge: MIT Press.

Lai Wei & Kuang Jianjing. 2016. *Prosodic Grouping in Chinese Trisyllabic Structures by Multiple Cues-Tone Coarticulation, Tone Sandhi and Consonant Lenition*. Paper presented at the 5th International Symposium on Tonal Aspects of Languages (TAL-5). New York: University at Buffalo, May 24-27.

Tang, Sze-wing. 2015. A generalized syntactic schema for utterance particles in Chinese. *Lingua Sinica* 1: 3.

Xu, Yi. 2013. ProsodyPro-A Tool for Large-scale Systematic Prosody Analysis. In *Proceedings of Tools and Resources for the Analysis of Speech Prosody (TRASP 2013)*, Aix-en-Provence, France. 7-10.

Zhang, Qingwen & Tang, Sze-wing. 2013. *A Cross Dialectal Study of Classifier Reduplication*. Paper presented at Workshop on the Grammar of Measurement in Chinese. Taipei: Taiwan Normal University, June 6.

On Syntax-Semantics Interface and Prosodic Morphology of Chinese Trisyllabic Reduplication

Huang Xinjunrong

Department of Chinese Language and Literature, The Chinese University of Hong Kong

Abstract: Reduplication is a common means of word and sentence making in human language. There is an unusual reduplication in spoken Chinese, i.e., trisyllabic reduplication formed by monosyllabic words. In contrast to the reduplication of word formation, this kind of reduplication structure is the combination of syntax and rhythm. Due to the rhythmic morphological constraints, the number of times of reduplication is constrained; in this structure, an independent intonation unit is formed as a whole and expresses the corresponding function in different syntactic positions and sentence types, such as continuous repetition, deepening the degree, topics, imperative, onomatopoeia, etc. Then, through the testing of language senses and the analysis of experimental voice, I believe trisyllabic reduplication has formed a prosodic template with its inner prosodic structure being 1+1+1.

Keywords: trisyllabic; reduplication; prosody; morphology; function; syntax

黄新骏蓉

香港中文大学中国语言及文学系

hxjr@link.cuhk.edu.hk

A Prosodic Analysis of Adjective Reduplication in Ningbo Chinese

Ge Haoyan

Abstract: This study presents four patterns of adjective reduplication in Ningbo Chinese and investigates their derivations within a prosodic morphology account. Based on the data observed, the present study suggests that the base of adjective reduplication in Ningbo Chinese can be either one or two syllables. To derive the four patterns of adjective reduplication, prosodic circumscription accesses either the left or the right edge of the base. This study also compares the difference between Mandarin Chinese and Ningbo Chinese in terms of the A_1A_2B pattern of adjective reduplication. A_1A_2B type of adjective reduplication is a prevalent pattern in Ningbo Chinese, while it is absent in Mandarin Chinese. The present study proposes that the form of A_1A_2B reduplication is overt in Ningbo Chinese, but covert in Mandarin Chinese.

Keywords: prosodic morphology; Ningbo Chinese; adjective reduplication

1. Introduction

The present study aims to provide a tentative account of the prosodic morphology in the realization of adjective reduplication in Ningbo Chinese. Semantically, adjectives in Ningbo Chinese, like those in Mandarin Chinese, are reduplicated to indicate intensity. Unlike Mandarin Chinese, Ningbo Chinese allows more varieties of adjective reduplications in terms of the morphological form.

The present paper is organized as follows. First, the general phonology of Ningbo Chinese and four patterns of adjective reduplication are introduced. Based on the two sources of information, a prosodic morphology account is provided within the

Morpheme-Based Templates. Finally comes the comparison between the patterns of adjective reduplication in Ningbo Chinese and Mandarin Chinese.

1.1 Phonological structure

Ningbo Chinese is spoken by about 5 million people in the cities of Ningbo and the surrounding areas in Zhejiang Province. It is usually considered as a Northern Wu Chinese and belongs to the Yongjiang (甬江) sub-branch of the Taihu (太湖) branch of the Wu dialects.

The phonological system of Ningbo Chinese has been described by a number of researchers (Chao, 1928; Chan, 1985; Tang, et al., 1990; Qian, 1990, et al.). It contains 29 consonants and 47 vowels. According to Campbell (2007), Ningbo Chinese has the same three-way contrast in initial stop consonants that is characteristic of other Northern Wu dialects.

Regarding the tones, there are seven citation forms of the monosyllable, as shown in (1) (Qian, 1990; Tang, et al., 1997; Campbell, 2007).

(1)	*Ping*	*Shang*	*Qu*	*Ru*
Yin	53	35	44	ʔ55
Yang	24		213	ʔ12

1.2 Patterns of adjective reduplication in Ningbo Chinese

Ningbo Chinese is a language with an abundant number of adjective reduplications. The present study focuses on four patterns of adjective reduplication on the basis of the morphological forms, as given in Table 1.

Table 1 Four patterns of adjective reduplication in Ningbo Chinese①

Pattern	Example	Gloss
A_1A_2	白白 bɐʔ^{LL} bɐʔ^{HH}	white
A_1A_2B	席席嫩 ʑiɪʔ^{LL} ʑiɪʔ^{HH} nəŋ^{LL}	tender
AB_1B_2	咸滋滋 ɦiɛ^{LL} tsɿ^{HH} tsɿ^{LL}	salty
$A_1A_2B_1B_2$	定定心心 diŋ^{LL} diŋ^{HH} ɕiŋ^{MM} ɕiŋ^{LL}	calm

① The tones of Ningbo Chinese are represented as LL (low tone), ^{MM} (mid tone) and ^{HH} (high tone).

Data in this paper mainly come from the *Dictionary of Ningbo Dialect* (Tang, et al., 1997). All of the adjective reduplications were checked by the author who is a native speaker of Ningbo Chinese.

The first pattern of adjective reduplication is A_1A_2, which is the total reduplication of the monosyllable adjectives, as illustrated in Table 2. A_1 and A_2 have the same morphological form, apart from the tone sandhi. The meaning of the words remains unchanged after the reduplication.

Table 2 Examples of A_1A_2 pattern

Reduplication	Gloss
白白 bɐʔ^{LL} bɐʔ^{HH}	white
辣辣 lɐʔ^{LL} lɐʔ^{HH}	spicy
甜甜 di^{LL} di^{HH}	sweet
红红 ɦoŋ^{LL} ɦoŋ^{HH}	red
细细 ɕi^{HH} ɕi^{LL}	small and thin

The second pattern of reduplication is A_1A_2B, in which A_1 equals to A_2 in terms of the morphological form, as illustrated in Table 3. The meaning of the words is carried by the syllable B. For instance, the meaning of "嫩 nəŋ (tender)" remains unchanged when the syllable B is imposed with the reduplication "席席 ʑiɪʔ ʑiɪʔ". The A_1A_2B pattern of adjective reduplication has been widely reported in Ningbo Chinese (Tang, et al., 1997). However, such an adjective reduplication form is not acceptable in Mandarin Chinese.

Table 3 Examples of A_1A_2B pattern

Reduplication	Gloss
沓沓滚 dɐʔ^{LL} dɐʔ^{HH} kuəŋ^{LL}	boiling
席席嫩 ʑiɪʔ^{LL} ʑiɪʔ^{HH} nəŋ^{LL}	tender
晕晕动 ɦyəŋ^{LL} ɦyəŋ^{HH} doŋ^{LL}	dizzy
溚溚滴 tɐʔ^{HH} tɐʔ^{MM} ti^{LL}	wet
雪雪白 soʔ^{HH} soʔ^{MM} bɐʔ^{LL}	snow-white
碧碧绿 piɪʔ^{HH} piɪʔ^{MM} loʔ^{LL}	green
滚滚圆 kuəŋ^{HH} kuəŋ^{MM} ɦy^{LL}	round

The third pattern of adjective reduplication is the AB_1B_2 type. Examples are illustrated in Table 4. Similar to the A_1A_2B pattern, A in the AB_1B_2 form indicates the word meaning, while the reduplication B_1B_2 is responsible for the degree of intensification. Consider "咸滋滋 ɦɛ tsɿ tsɿ (salty)". The word has the same meaning of "咸 ɦɛ (salty)". It appears that the non-reduplicated syllable indicates the word meaning in both forms of A_1A_2B and AB_1B_2 in Ningbo Chinese.

Table 4 Examples of AB_1B_2 pattern

Reduplication	Gloss
咸滋滋 ɦɛ^{LL} tsɿ^{HH} tsɿ^{LL}	salty
慢拖拖 mɛ^{LL} t'ã^{HH} t'ã^{LL}	slow
硬结结 ŋã^{LL} tɕiɪʔ^{HH} tɕiɪʔ^{LL}	hard
软塌塌 ȵy^{LL} t'a^{MM} t'a^{LL}	soft
团鼓鼓 dø^{LL} ku^{HH} ku^{LL}	bulging
厌糟糟 i^{HH} tsɔ^{MM} tsɔ^{LL}	disgusting
粘胶胶 ȵi^{HH} kɔ^{MM}kɔ^{LL}	sticky
壮涾涾 tsɔ̃^{HH} tɐʔ^{MM} tɐʔ^{LL}	strong

Apart from the adjective reduplication with trisyllables, Ningbo Chinese also allows reduplications with four syllables. One common form is $A_1A_2B_1B_2$, as shown in Table 5. AB forms the meaning of the words. In the case of "马马虎虎 ma ma fu fu (careless)", "马虎 ma fu" carries the original meaning, which remains unchanged after the reduplication.

Table 5 Examples of $A_1A_2B_1B_2$ pattern

Reduplication	Gloss
的的刮刮 tiɪʔ^{HH} tiɪʔ^{MM} kuɐʔ^{MM} kuɐʔ^{LL}	noisy
一一仄仄 iɪʔ^{HH} iɪʔ^{MM} tsɐʔ^{MM} tsɐʔ^{LL}	picky
体体汰汰 t'i^{HH} t'i^{MM} t'a ^{MM} t'a^{LL}	dirty
马马虎虎 ma^{HH} ma^{MM} fu^{MM} fu^{LL}	careless
定定心心 diŋ^{LL} diŋ^{HH} ɕiŋ ^{MM} ɕiŋ^{LL}	calm
白白力力 bɐʔ^{LL} bɐʔl ^{HH} liɪʔ^{MM} liɪʔ^{LL}	consuming

There is another adjective reduplication form, namely $A_1B_1A_2B_2$, apart from the above four types. Examples are given in Table 6. AB forms the basic meaning of the reduplication. As this type of adjective reduplication is not as prevalent as the other types in Ningbo Chinese, the present study will leave out this type of reduplication for discussion.

Table 6 Examples of $A_1B_1A_2B_2$ pattern

Reduplication	Gloss
雪白雪白 soʔ^{HH} bɐʔ^{LL} soʔ^{HH} bɐʔ^{LL}	snow-white
滚圆滚圆 kuəŋ^{MH} ɦy^{LH} kuəŋ^{MH} ɦy^{LH}	round

2. Research questions and hypotheses

This study will focus on the four patterns of adjective reduplication in Ningbo Chinese as discussed in Section 1, and compare how they differ from those in Mandarin Chinese. Given the observed patterns above, two research questions are posed in the present study:

I. What is the base of reduplication for each pattern? How is the adjective reduplication constructed in Ningbo Chinese?

II. How does adjective reduplication in Ningbo Chinese differ from that in Mandarin Chinese?

In what follows, three hypotheses will be proposed to examine whether they could account for the patterns of adjective reduplication observed in Ningbo Chinese.

3. Prosodic analysis of adjective reduplications

3.1 Hypothesis 1

Hypothesis 1 proposes that the base is monosyllabic and the reduplicant (R) can be constructed at the left or the right edge of the base (B). Consider the form A_1A_2. If the circumscription starts from the left edge, then A_2 is the base and A_1 is the reduplicant, which is placed at the left edge of the base after reduplication. As shown in (2), "白白

bɐʔbɐʔ (white)" illustrates the reduplication starting from the left edge.

(2) Reduplicate from the left edge

A_1A_2 (白白 bɐʔ bɐʔ)

Base: A_2 = [bɐʔ]

Reduplicant: A_1 = [bɐʔ]

Total reduplication: $[bɐʔ]_R$ $[bɐʔ]_B$

The other possible derivation is from the right edge. In that case, A_1 is the base and A_2 is the reduplicant.

(3) Reduplicate from the right edge

A_1A_2 (白白 bɐʔ bɐʔ)

Base: A_1 = [bɐʔ]

Reduplicant: A_2 = [bɐʔ]

Total reduplication: $[bɐʔ]_B$ $[bɐʔ]_R$

Hypothesis 1 derives a good result for the A_1A_2 patterns. According to Feng (2009), the results of the reduplication must be a Prosodic Word (PrWd). The total reduplication meets the prosodic requirement, as the monosyllable is reduplicated to become a disyllabic foot.

Within Hypothesis 1, the derivations of adjective reduplication A_1A_2B, AB_1B_2 and $A_1A_2B_1B_2$ from the left edge and right edge are given in (4) and (5) respectively.

(4) Reduplicate from the left edge

a. A_1A_2B (雪雪白 soʔ soʔ bɐʔ)

Base: A_2 = [soʔ]

Reduplicant: A_1 = [soʔ]

Total reduplication: $[[soʔ]_R[soʔ]_B]$ bɐʔ

b. AB_1B_2 (咸滋滋 ɦɛ tsɿ tsɿ)

Base: B_2 = [tsɿ]

Reduplicant: B_1 = [tsɿ]

Total reduplication: ɦɛ $[[tsɿ]_R$ $[tsɿ]_B]$

c. $A_1A_2B_1B_2$ (马马虎虎 ma ma fu fu)

Base: A_2=[ma]

B_2=[fu]

Reduplicant: A_1=[ma]

B_1=[fu]

Total reduplication: $[[ma]_R\ [ma]_B]\ [[fu]_R\ [fu]_B]$

(5) Reduplicate from the right edge

a. A_1A_2B (雪雪白 soʔ soʔ bɐʔ)

Base: A_1=[soʔ]

Reduplicant: A_2=[soʔ]

Total reduplication: [[soʔ]$_B$ [soʔ]$_R$] bɐʔ

b. AB_1B_2 (咸滋滋 ɦɛ tsɿ tsɿ)

Base: B_1=[tsɿ]

Reduplicant: B_2=[tsɿ]

Total reduplication: ɦɛ [[tsɿ]$_B$ [tsɿ]$_R$]

c. $A_1A_2B_1B_2$ (马马虎虎 ma ma fu fu)

Base: A_1=[ma]

B_1=[fu]

Reduplicant: A_2=[ma]

B_2=[fu]

Total reduplication: $[[ma]_B\ [ma]_R]\ [[fu]_B\ [fu]_R]$

In (4a), A_1 is the reduplicant and imposed as a prefix on the base of A_2. In (4b), the reduplicant B_1 is inserted as an infix. In the case of (4c), both infix (B_1) and prefix (A_1) are added to the bases (B_2 and A_2), giving rise to the surface form after total reduplication. When the reduplication starts from the right edge, A_2 is inserted as an infix in the example of (5a) and B_2 is added to the base as a suffix in the case of (5b). The derivation of (5c) is the combination of adding an infix and suffix at the same time.

However, Hypothesis 1 has two flaws. First, the edge reduplication analysis under Hypothesis 1 is unlikely to occur since the reduplicants are not typical cases of infix①, regardless of the direction of reduplication. In both right-edge and left-edge reduplication, infix insertion is unavoidable in the case of A_1A_2B and AB_1B_2. Given the above consideration, it is unlikely that the base is monosyllabic.

More importantly, Hypothesis 1 does not respect the semantic integrity of the original compound. For instance, the meaning of "马马虎虎 ma ma fu fu (careless)" is different from the meaning of the monosyllabic morphemes "马 ma" and "虎 fu" which means "horse" and "tiger" respectively. If the monosyllable is the base, one must divide the semantically related bimorphemic words into two parts.

3.2 Hypothesis 2

Hypothesis 2 proposes that a disyllabic stem is a base, and the reduplication applies prosodically to a segment of the base.

McCarthy and Prince (1990) propose that prosodic circumscription places a cut in the stem at a prosodically defined position, thus splitting the domain into two parts. Reduplication takes one part as its base and subsequently both parts are reunited. Qu (1995) adopted their analysis and applied it to the reduplication in Fuzhou Chinese.

According to McCarthy and Prince (1990), the process of reduplication is introduced as the following formations. PREFRED stands for the operation of prefixing the reduplicative morpheme. Ø <σ, L> stands for the circumscription applied to the left edge of the disyllabic base. AB:Ø is taken as the prosodically circumscribed segment of the base, while AB/Ø is regarded as the residue of the base. The operator of the combination is represented by *.

Consider the pattern of A_1A_2B. It is assumed A_2B is a base. The formation is given in (6). Again, take "雪雪白 soʔ soʔ bɐʔ (snow-white)" as an example. Let's first assume that prosodic circumscription accesses the left edge of the stem. A_2 is thus circumscribed as the base. After reduplication, A_1A_2 is reunited with the residue "白 bɐʔ (white)", giving rise to the right form, as illustrated in (7).

① An anonymous reviewer pointed out that the right-edge reduplication is unlikely to take place, as a reduplicant is usually not taken as an infix. The left-edge reduplication has the same problem for of AB_1B_2 pattern .

(6) Derivation of A_1A_2B

PREFRED: Ø < σ, L > (A_2B_1) = PREFRED (A_2B: Ø) * AB/ Ø

= PREFRED (A_2) * B

= (A_1A_2)*B

= A_1A_2B

(7) Derivation of 雪雪白 soʔ soʔ bɐʔ

PREFRED: Ø < σ, L > (soʔ bɐʔ) = PREFRED (soʔ bɐʔ: Ø) * soʔ bɐʔ/ Ø

= PREFRED (soʔ) * bɐʔ

= (soʔ soʔ)* bɐʔ

= soʔ soʔ bɐʔ

For the AB_1B_2 pattern, the prosodic circumscription accesses the right edge of the stem, and B_1 serves as the target of reduplication, as in (8). Differing from the operation of PREFRED, the prosodic circumscription is operated as a suffixation. Thus, SUFRED stands for suffixing the reduplicant morpheme. An example of deriving AB_1B_2 is given in (9).

(8) Derivation of AB_1B_2

SUFRED: Ø < σ, R > (AB_1) = AB_1/ Ø * SUFRED (AB_1: Ø)

= A * SUFRED (B_1)

= A*(B_1B_2)

= AB_1B_2

(9) Derivation of 咸滋滋 ɦɛ tsɿ tsɿ

SUFRED: Ø < σ, R > (ɦɛ tsɿ) = ɦɛ tsɿ / Ø * SUFRED (ɦɛ tsɿ: Ø)

= ɦɛ * SUFRED (tsɿ)

= ɦɛ *(tsɿ tsɿ)

= ɦɛ tsɿ tsɿ

Given the analysis above, prosodic circumscription is constructed at both edges of the base in $A_1A_2B_1B_2$ forms. In other words, A and B undergo reduplication respectively from two directions. Therefore, PREFRED and SUFRED are both operated in the process of reduplication, as illustrated in (10). The derivation of "定定心心 diŋ diŋ ɕiŋ ɕiŋ (calm)" is given in (11).

(10) Derivation of $A_1A_2B_1B_2$

PREFRED: Ø < σ, L > (A_2B_1) * SUFRED: Ø < σ, R > (A_2B_1)

= PREFRED (A_2B_1: Ø) * SUFRED (A_2B_1: Ø)

= PREFRED (A_2) * SUFRED (B_1)

= (A_1A_2) * (B_1B_2)

= A_1A_2 B_1B_2

(11) Derivation of 定定心心 diŋ diŋ ɕiŋ ɕiŋ

PREFRED: Ø < σ, L > (diŋ ɕiŋ) * SUFRED: Ø < σ, R > (diŋ ɕiŋ)

= PREFRED (diŋ ɕiŋ: Ø) * SUFRED (diŋ ɕiŋ: Ø)

= PREFRED (diŋ) * SUFRED (ɕiŋ)

= (diŋ diŋ) * (ɕiŋ ɕiŋ)

= diŋ diŋ ɕiŋ ɕiŋ

Given the analysis above, Hypothesis 2 successfully accounts for the three patterns of reduplication, namely, A_1A_2B, AB_1B_2 and $A_1A_2B_1B_2$.

Hypothesis 2 has two advantages. First, it maintains the semantic relationship between the base and the reduplicant. There is thus no need to split the meaning of the base for reduplication. Second, the prosodic circumscription provides a unified account of the process of reduplication for the three patterns of adjective reduplications. However, Hypothesis 2 is difficult to explain how A_1A_2 is reduplicated, if the disyllabic stem is regarded as a base.

3.3 Hypothesis 3

Downing (2006) suggests that derived words are subject to disyllabic minimality constraint, while underived words can be monosyllabic, on the basis of Morpheme-Based Template. Therefore, there is no compulsory requirement of disyllabicity on the base. It can be a monosyllabic root as well, such as "白 bɐʔ (white)".

An anonymous reviewer also suggested that there is not a restriction on the number of syllables in a base. It could be one, two or even more syllables. For example, in Motu language, the three syllabic base *mahuta* "to sleep" is reduplicated as *mahuta-mahuta* "to sleep constantly". Similar patterns are observed in other languages. In the language of Kinande, monosyllabic verb base stems are repeated to achieve disyllabicity, as in (12) (Mutaka, 1994; Mutaka & Hyman, 1990; Hyman, 2009). The minimality requirement is construction-specific, as the base stem for reduplication remains monosyllabic.

(12) Reduplication in Kinande

Monosyllabic stems

eri-swa	eri-swa-swa-swa	to grind
eri-twa	eri-twa-twa-twa	to dig

(Hyman, 2009: 184)

Taking the base as either monosyllabic or disyllabic can avoid the problem in deriving the A_1A_2 under the disyllable-based hypothesis.

With the spirit of the prior work, Hypothesis 3 proposes that the base in Ningbo Chinese could be one or two syllables and both partial and total reduplications are available in the process of derivation. In the case of A_1A_2 reduplication, one syllable is reduplicated to fulfil the disyllabic requirement and both edges of reduplication are possible.

The process of reduplication derivation under Hypotheses 3 and 2 are the same, as illustrated in (6)—(11). The circumscription can access either edge (left or right or both) in Ningbo Chinese.

Two-edge circumscription has been proposed in other studies. Qu (1995) and Feng (2003) claim that the prosodic circumscription is available on both edges in adjective reduplications in Fuzhou Chinese and Anxiang Chinese respectively. It is thus not surprising that similar process of reduplication is available in Ningbo Chinese.

3.4 Comparison between Ningbo Chinese and Mandarin Chinese

The reduplication of adjectives is also widely discussed in Mandarin Chinese (see Liu, 2013; Zhu, 2003; Chao, 1968; Lü, 1980; Tang, 1988). Different from the reduplication patterns observed in Ningbo Chinese, Mandarin Chinese does not have the A_1A_2B pattern of reduplication for the adjectives. Wang (2010) demonstrates the reduplication process of adjectives, by examining the AB_1B_2 pattern of adjective reduplication in Mandarin Chinese. He classifies the process of reduplication into three categories based on semantics, as summarized in Table 7.

Table 7 ABB reduplication in Mandarin Chinese (Wang, 2010: 238)

Type	Adj.	*Pinyin* Structure (Gloss)
1	A+BB 矮墩墩 ai-dun-dun	矮 + 墩墩 (short)
2	AB+B 赤裸裸 chi-luo-luo	赤 + 裸 + 裸 (naked)
3	BA+B 香喷喷 xiang-pen-pen	香 + 喷喷 (delicious)

He suggests that BB in Type 1 is attached to the left periphery as a whole, while in Type 2, the right constituent B is reduplicated first and then attached to the left side. Type 3 involves the most complicated process. First, the reduplication takes place on the left periphery, giving rise to BBA form; second, the BBA form switches positions, A goes to the left side and BB goes to the right, as shown in Table 8.

Table 8 ABB reduplication process (Wang, 2010: 238)

	Step 1	Step 2
喷香	* 喷喷香	香喷喷 xiang-pen-pen, delicious
通红	* 通通红	红通通 hong-tong-tong, red
油绿	* 油油绿	绿油油 lü-you-you, green
冰冷	* 冰冰冷	冷冰冰 leng-bing-bing, cold
绵软	* 绵绵软	软绵绵 ruan-mian-mian, soft

Wang also suggests that it is unlikely that AB switches positions before the reduplication takes place. Consider the example "喷香 pen xiang (delicious)". If position switch occurs first, it would give rise to "香喷 xiang pen", which is not grammatical in Mandarin Chinese. Thus, there is no point why position switch shall occur before the reduplication.

Though the patterns in Step 1 are ungrammatical in Mandarin Chinese, they are all grammatical in Ningbo Chinese. Unlike Mandarin Chinese, reduplication after position switch, i.e. those in Step 2 in Table 8, is not acceptable in Ningbo Chinese. To gain more empirical evidence, fifteen native speakers of Ningbo Chinses have been interviewed in the present study and all of them agree that "香喷喷" is not acceptable in Ningbo Chinese.

The A_1A_2B pattern of adjective reduplication is not unique to Ningbo Chinese. Instead, the pattern has been observed in other varieties of Wu Chinese. For example, in Shanghainese, the B_1B_2A patterns are allowed, while the AB_1B_2 patterns are not acceptable.

Based on the comparison between Ningbo Chinese and Mandarin Chinese in the A_1A_2B form of reduplication, it appears that the reduplication rules are different among Chinese dialects. If this line of speculation is correct, it is possible that the A_1A_2B pattern of reduplication is available in both Mandarin Chinese and Ningbo Chinese: it is a covert form in Mandarin Chinese, while an overt form in Ningbo Chinese. It is also possible that the A_1A_2B pattern was allowed in Mandarin but vanished through language change, whereas Ningbo Chinese still keeps this form of adjective reduplication. It is interesting to further investigate how and when these two languages begin to differ with respect to this pattern of adjective reduplication.

4. Conclusion

The present study investigates the derivation of four patterns of adjective reduplication in Ningbo Chinese within a prosodic morphology account. To derive the four patterns of adjective reduplication, this study proposes that there is no restriction on the number of syllables for the base: it can be either monosyllabic or disyllabic. The base is the monosyllable A for the pattern of A_1A_2, while it is the disyllabic stem AB for the other three types of adjective reduplication. Prosodic circumscription can access either the left or the right edge of the base. Total reduplication is applied to the pattern of A_1A_2, while partial reduplication is available for the patterns of A_1A_2B, AB_1B_2 and $A_1A_2B_1B_2$.

It is also observed that A_1A_2B type of adjective reduplication is a prevalent pattern in Ningbo Chinese, but absent in Mandarin Chinese. The present study suggests that the pattern of A_1A_2B reduplication is overt in Ningbo Chinese, while it is covert in Mandarin Chinese.

References

Campbell, James. 2007. Ningbo dialect phonology. *Chinese Languages and Dialects*. Available at http://www.glossika.com/en/dict/index.php.

Chan, Ningping. 1985. Tone sandhi phenomenon in Ningponese. *Fangyan* [*Dialects*], 1:15-27.

Chao, Yuan-Ren. 1928. *Xiandai Wuyu Yanju* [*Studies in the Modern Wu Dialects*]. Beijing: Tsing Hua College Research Institute.

Chao, Yuen-Ren. 1968. *A Grammar of Spoken Chinese.* Berkeley: University of California Press.

Downing, Laura. 2006. *Canonical Forms in Prosodic Morphology*. Oxford: Oxford University Press.

Feng, Guanjun. 2003. Lexical category specific constraints: Mandarin verb versus adjective reduplication. *USC Working Papers in Linguistics,* 1:1-12.

Feng, Shengli. 2009. *Interactions Between Morphology Syntax and Prosody in Chinese*. Beijing: Peking University Press.

Hyman, Larry M. 2009. The natural history of verb-stem reduplication in Bantu. *Morphology,* 19:177-206.

Liu, Chen-Sheng Luther. 2013. Reduplication of adjectives in Chinese: a default state. *Journal of East Asian Linguistics, 22.2*: 101-132.

Lü, Shuxiang. 1980. *Xiandai Hanyu Babai Ci* [*Eight Hundred Words in Modern Chinese*]. Beijing: The Commercial Press.

McCarthy, John & Prince, Alan. 1990. Foot and word in prosodic morphology: the arabic broken plural. *Natural Language and Linguistic Theory,* 8: 209–82.

Mutaka, Ngessimo & Larry, Hyman. 1990. Syllables and morpheme integrity in Kinande reduplication. *Phonology,* 7: 73-119.

Mutaka, Ngessimo. 1994. *The Lexical Tonology of Kinande*. Munich: Lincom Europa.

Qian, Nairong. 1990. *Ningbo fangyan xinpai yinxi fenxi* [Analysis in Ningbo dialects phonology]. *Studies in Language and Linguistics*, 1:118-125.

Qu, Yanfeng. 1995. Adjective reduplications in Fuzhou: a morpho-phonological analysis. *Journal of East Asian Linguistics*, 4.1: 1-27.

Tang, Ting-Chi. 1988. *Guoyu xingrongci de chongdie guilü* [Reduplication of adjectives in Chinese]. *Studies on Chinese Morphology and Syntax*, 29–57. Taipei: Student Book Company.

Tang, Zhenzhu, You, Nujie, & Chen, Zhongmin. 1990. *Ningbo fangyan laopai de danzidiao he liangzizu biandiao* [Ningbo dialect old-fashioned monosyllabic tone and disyllabic tone sandhi]. *Studies in Language and Linguistics,* 1:106-117.

Tang, Zhenzhu, Chen, Zhongmin, & Wu, Xinxian. 1997. *Ningbo Fangyan Cidian* [*Dictionary of Ningbo Dialect*]. Nanjing: Jiangsu Education Press.

Wang, Zhijun. 2010. The head of the Chinese adjectives and ABB reduplication. In *Proceedings of the 22nd North American Conference on Chinese Linguistics (NACCL-22) & the 18th International Conference on Chinese Linguistics (IACL-18)*. 232-245.

Zhu, Jingsong. 2003. *Xingrongci chongdieshi de yufa yuyi* [The syntax and semantics of reduplicated adjectives]. *Yuwen Yanjiu* [*Linguistic Researches*], 88.3: 9-17.

宁波话中形容词重叠的韵律分析

葛浩燕

香港中文大学语言学及现代语系、儿童双语研究中心

摘　要　本研究展现了宁波话中四种形容词重叠，并用韵律构词的理论探讨了形容词重叠的衍生。根据观察到的数据，本研究提议宁波话形容词重叠的基式既可以是单音节也可以是双音节。访问韵律的界限可以从基式的左边界或者右边界进行，从而衍生出四种不同的形容词重叠。本研究还比较了 A_1A_2B 式形容词重叠在普通话和宁波话的区别。虽然 A_1A_2B 式形容词在宁波话中普遍存在，但在普通话中却是不存在的。本研究提议 A_1A_2B 式形容词重叠在宁波话中以显性的方式出现，在普通话中则以隐性的方式存在。

关键词　韵律形态学　宁波话　形容词重叠

Ge Haoyan

Department of Linguistics and Modern Languages

Childhood Bilingualism Research Centre

The Chinese University of Hong Kong

hyge@link.cuhk.edu.hk

《汉语的韵律形态》述评 *

庄会彬

1. 基本内容

《汉语的韵律形态》由王丽娟所著，于 2015 年在北京语言大学出版社出版。该书基于对“什么是韵律”“什么是形态”两个问题的介绍和再思考，提出并讨论了“什么是韵律形态”，据此详细阐述了汉语的韵律形态问题，并介绍了其他语言中的韵律形态现象。

全书分为六章。

第一章探讨韵律的定义问题。该书所谈的韵律“指的就是语言中跟语音的高低、强弱、长短、停延等有关的现象和道理”（2 页）。

第二章讨论什么是形态。作者指出，“基于印欧语言的形态视角观察汉语的词形变化，我们只能得出‘汉语缺乏严格意义的形态变化’这样的结论。……随着近年来汉语韵律构词和韵律句法研究的深入，越来越多的事实让我们看到，汉语缺乏的只是印欧语常见的屈折形态，但汉语绝不是没有形态……传统的形态定义可以说是以音段为核心的，这种视角不仅无法涵盖汉语的语言事实，而且遗漏了汉语的很多重要现象……”（10 页、11 页）作者进而对“形态”的含义做了音段形态与超音段形态的区分——前者指的是发生变化的形式为音段成分（元音、辅音），而后者指的是词形变化实现为超音段成分（音高、音强、音长）的改变；

* 本文的写作得到冯胜利先生以及裴雨来、王丽娟两位学兄的不吝指导，谨致谢忱。文中所余不足及讹误，概由作者负责。本研究得到“河南省高等学校青年骨干教师培养计划”（2016GGJS-025）的资助。

并从传统主要关注音段成分拓展到了超音段成分上。

第三章澄清什么是韵律形态。作者指出，“韵律形态”不是“韵律 + 形态”，并非所有跟韵律有关的词形变化都是韵律形态。作者先对韵律的两种功能进行了区分：一是词法层面的韵律功能，即语素构词中的韵律限制，这种韵律限制只改变语言单位的词义（即词汇意义），但不改变语法性质（即语法意义），这个层面的韵律功能该书沿用冯胜利（1997）的说法，称之为“韵律构词”；二是句法层面的韵律功能，即词组合成短语时所受的韵律限制，这种韵律限制往往改变语言单位的语法属性（如词类范畴、语法范畴、语用范畴，甚至韵律语法范畴），甚至还涉及韵律动因促发的一些句法操作（如移位、并入等）。作者把第二个层面的功能界定为“韵律形态”。

第四章全面探究汉语的韵律形态。该章是全书的核心所在。在这一章，作者主要讨论了几个问题。第一，汉语有没有形态？答案是肯定的。第二，汉语有什么形态？作者指出，汉语和印欧语一样，也可以利用语音手段表达一定的语法意义。汉语除了充分利用元音、辅音之外，音高特征在汉语中有着不可替代的重要作用，直接的表现就是汉语有声调。此外，汉语的韵律模板（prosodic template）也是一种韵律形态，韵律形态学（prosodic morphology）发现韵律模板对构词存在限制，汉语的事实更告诉我们，韵律模板不仅制约构词，而且制约着构形。之后，作者分别从音高、音强、音长三个角度，讨论了汉语实词的词类范畴、动词的名物范畴、形容词的状态范畴、名词的称谓范畴和可数性范畴、量词的量范畴等韵律形态问题。

第五章讨论其他语言中的韵律形态。作者仍从音高、音强、音长三个角度展开讨论，以此表明汉语的韵律形态放在世界语言之林中并非特立独行：与音段层面的元音、辅音一样，超音段层面的音高、音强和音长这些韵律成分也是重要的形态手段，汉语正是这样一种富于韵律形态的语言。

最后一章是结语。

2. 重要价值

应该说，《汉语的韵律形态》一书在以下几个方面做出了重要贡献：

第一，从韵律语法学的视角重新界定了形态的内涵，弥补了传统形态定义中的缺失，突破了传统研究的局限。

学界对“形态（学）”的界定基本一致：一方面指语言学中研究词的内部结构及其形成的分支学科；另一方面指词法规则（lexical rules），包括屈折规则和构词规则。Booij（2007）指出了形态的两大基本功能：一是创造新词；二是在特定句法环境中拼出恰当的词形。

这样看来，形态既与词法有关（造词），又与句法有关（句法中的词形变化）。与这两个层面有关的词及其形式的研究都叫形态学。可问题在于，这里的词的“形式”指什么？大多形态学论著中提及的都是词根的内外部屈折（如英语中单数形式 tooth 变成复数形式是 teeth，动词原形 study 变成过去式是 studied）、添加词缀或词尾等附加成分（如英语动词 move 变为名词是 movement，动词 like 变为第三人称单数形式是 likes），少数会提及声调、重音（如汉语形容词和动词的“散”分别采用上声和去声，英语名词和动词的 object 分别采用重轻式和轻重式）。换句话说，学界对词的“形式”的理解主要聚焦在音段成分的改变上（包括音段的增加、减少、替换等），而忽略了另外一种看不见的重要形式——超音段成分。这种认识上的残缺直接导致了“汉语缺乏形态”观的形成，更是近代西方传教士得出“汉语没有语法”错误认识的根源。

基于这一重要认识，冯胜利（2007）重新界定了形态的内涵，即通过语音手段改变句中成分的语法性质，并且明确指出这里的“语音手段”既可以是音段形式，也可以是超音段形式。比如“日本（国）”和“美（*国）”、“（小）欧阳”和“（*小）王”、“大兴（县）”和“通（*县）”的对立，说明单双音节韵律形式具有标记词的独立性的作用。又如“负责工作”和“*负责任工作”“对工作负责任”的对立，说明双音节和三音节韵律形式具有区分词和短语的作用。这一界定首次将声调、重音等超音段属性以一种范畴的身份提升到形态学层面，弥补了以往形态概念中的残缺。《汉语的韵律形态》一书继承了冯胜利（2007）的观点，并从音高、音强和音长三个角度阐述了充当形态的“语音手段”的具体表现，这是西方语言学乃至普通语言学历史上从未提出（至少没有明确提出）并奉行的一种语言机制，对语言学研究（尤其是形态学研究）有着突破性的意义。

第二，从语音物理属性的角度重新讨论了形态手段。

以往对形态的分类主要基于操作过程和形态结构两种标准。前者将语言形态分为派生、屈折、复合三类；后者将人类语言分为孤立语、黏着语、屈折语、复综语四类。无论哪种，分类的依据都围绕音段成分的添加、减少、替换和组合。

与此不同的是，冯胜利（2009）首次以语音手段的属性为标准，将语言形态分为音段形态和超音段形态两类。在此基础上，《汉语的韵律形态》一书又将超音段形态进一步细分为音高形态、音强形态、音长形态三类。比如与声调相关的音高形态，与轻声、重音相关的音强形态，与音节数目相关的音长形态等，这是对形态类型的一种全新认识，也是一种系统化的认识。

第三，区分了韵律的构词功能与韵律的构形功能。

传统形态学的研究中区分构词变化和构形变化，《汉语的韵律形态》一书继承了这一看法，从词法和句法两个层面考察超音段形态（即韵律形态），区分了"韵律构词"和"韵律构形"。韵律构词只是韵律在构词变化中的作用，而韵律构形指词的语法范畴或语用范畴受到韵律限制。这里所说的语法范畴指人类语言中常见的性、数、格、时、体、态、人称等范畴；而语用范畴指语言在不同语境条件下的变体，比如本书提到的亲属名词的称谓范畴（面称和背称）、专有名词的昵称范畴等。譬如"教材（的）编写"和"* 教材（的）编"、"水泥（的）搅拌"和"* 水泥（的）搅"的对立，说明双音节可以标记动词的名物化，这是韵律的构词功能；而可数名词"孩子 / 小孩"和"* 孩"、"房子 / 房屋"和"* 房"、"斧子 / 斧头 / 石斧"和"* 斧"的对立，说明双音节可以标记名词的可数性，这是韵律的构形功能。这就好比英语中的词缀 -er，在 worker 中是用以派生名词的构词后缀，而在 heavier 中是用以标记形容词比较级的构形后缀。这就告诉我们，同一种词形变化可能具有不同的标记功能，反言之，不同的语法范畴可能采用同样的词形变化。无论是汉语的双音节还是英语的词缀，都是通过语音手段表达某种词汇意义（构词）或语法意义（构形），唯一的差异在于两种语言所借助的语音手段的物理属性不同，汉语是超音段（韵律）成分，英语是音段成分。

第四，从韵律语法学角度重新反思了汉语的形态问题，具体阐释了冯胜利（1996，2007，2009）提出的"汉语中存在韵律形态"的观点。

针对以往学界的定论"汉语中缺乏严格意义的形态变化"，《汉语的韵律形态》一书从逻辑推理和事实分析两个方面重新反思了汉语的形态问题，提出汉语中不仅不缺乏形态变化，而且存在着丰富的韵律形态，这与屈折语、黏着语中的形态并无本质区别。这一观点的提出和阐释对汉语语言学界乃至普通语言学界来说都是一种新的突破和尝试。

前人虽然已经发现声调、重音等超音段成分可以用来区分词义，但这种发现停留在个别现象的列举上，没有抽象到范畴的层面，更没有上升到“超音段形态”的理论高度，当然也就没能对超音段形态进行系统性的阐述和论证，无法认识到这是一种与“音段形态”相对的极为重要的形态类型。

与此同时，前人对声调、重音这些超音段成分的功能研究仅限于词法层面，从句法层面（即构形角度）讨论超音段成分的功能也是《汉语的韵律形态》一书的创新。比如书中谈到的“串串葡萄”和“*嘟噜嘟噜葡萄”、“周周”和“*星期星期”的对立，是双音节标记量词的周遍量范畴功能，属于句法层面的构形。

第五，初步总结并展示了近十年汉语韵律形态共时研究的成果，为进一步推进韵律形态的研究进程奠定了良好的基础。

3. 地位及不足

自冯胜利（2007）至今，韵律形态的研究工作开展了将近十年，大致可分为前后两个阶段。

第一阶段，冯胜利（2007）提出“韵律是汉语的一种形态”，开辟了韵律形态研究这一新领域（韵律语法学）。此前蔡维天、冯胜利（2006）的研究中也对韵律形态问题有所触及。

随后，冯胜利（2009）正式提出并区分了“音段形态”与“超音段形态”，从历时层面论证了汉语从音段形态到超音段形态的转变。与此同时，王丽娟（2009）从共时层面就汉语普通话名词的可数性和动词的名物化论证了双音节韵律形式的形态功能。两篇文章分别从历时和共时两个维度，初步阐明了汉语的韵律形态观。这可以看作韵律形态研究的开辟阶段。

第二阶段，学界从不同角度直接或间接论证了韵律形态的个案。如沈家煊（2012）、陈刚和沈家煊（2012）通过词类划分讨论了单双音节的语法形态；崔四行（2012）通过四音节重叠形式的重音模式讨论了轻重音韵律形态；王丽娟（2013a，2013b，2014，2015b）通过[大 V]、[N 的 V]、准谓宾动词带宾等结构讨论了双音节韵律形态等。

不难看出，在冯胜利（2007，2009）提出“汉语韵律形态观”之后，有意识地从韵律（超音段）视角反思汉语的词法、句法问题的研究成果越来越多，而且的确发现了一批用韵律充当形式标记的汉语语法现象，可以视为汉语韵律形态的阐释阶段。

《汉语的韵律形态》一书可以说是对第二阶段研究成果的初步回顾和总结，直接或间接回答了学界对“汉语韵律形态”观提出的一些不解和疑问，比如“同一韵律形式为什么既能标记抽象范畴（动词名物化）又能标记具体范畴（名词可数性）”“韵律如何表达屈折形态”等；与此同时也提出了韵律形态研究中有待解决的诸多问题，为这一领域的继续深入和拓展打好了基础。

总体说来，该书写作风格平易好懂，举重若轻，语言洗练，说理清晰，适合想要入门的读者，但在一些方面仍有待提升。

首先，书中虽然提出并区分了韵律构词和韵律构形，但相比之下，作者对汉语韵律形态的讨论偏于派生形态（derivational morphology），而疏于屈折形态（inflectional morphology）。与此同时，作者对汉语语法范畴本身的认识以及对韵律构形的认识不够深入，就“韵律所能表达的语法范畴”而言仍然有待研究。作者如果可以给出一个汉语韵律形态的清单来，以此说明“韵律表达的汉语语法范畴”，则会卸去读者心中的许多遗憾。

其次，汉语方言中的韵律形态现象也有不少，该书所关注的韵律形态如能扩展到汉语方言，或许能有许多可以发掘之处。比如豫北晋南以及山东中部的许多方言里存在大量的 D 变韵，通过改变动词的音长来表达完成体；博山方言则可以通过改变动词发音的音长表达时态。例如：

（1）我吃饭。（未然）

（2）我吃（音长增加）饭。（已然）

再次，近二十多年韵律语法学研究的核心成果是发现了韵律词法和韵律句法中的一条基本规则：标准音步对汉语词法的作用。如此一来，汉语的韵律形态与这条规则之间是否有关，关系如何，书中尚未涉及。

最后，生成语法里形态对句法的影响体现在 vP 以上、CP 以下的句法运作中，韵律形态在句法上如何起作用，是汇合到vP与CP间的形态部分，还是其他部分？作者甚至可以考虑引入制图理论，思考制图理论框架下韵律形态的句法运作如何处置，这也是未来值得研究的一个重要问题。

4. 结语

读罢该书，意犹未尽！韵律在汉语形态中扮演的重要角色，正如普通语言学中已有的韵律构词学和汉语中日趋成熟的韵律句法学一样，韵律形态学也应当作为一个分支学科进行独立而系统的研究。唯有如此，诸如“汉语韵律手段在不同语法范畴中的形态表现”“汉语不同韵律形态之间的分工合作”“汉语音段形态与韵律形态之间的互动”乃至“韵律形态与汉语语言类型的关系”等众多理论和实践问题，才有可能在进一步深入研究的基础上得以回答。换句话说，这一领域的开辟终将对汉语语言学乃至普通语言学的发展产生重要的影响。

美国学者 Simpson 在 *The Handbook of Chinese Linguistics*（《汉语语言学手册》）一书中谈到：“将来的韵律与语法的相互作用的研究，无论是跨方言的共时研究，还是历时的研究（这是可能性的），都是未来汉语语言学研究中的一个丰富而又内容充实的领域，是一个汉语可以为‘有关人类语言的普通语言学理论’做出重要贡献的领域。”（Simpson，2014：489）而韵律形态的研究可以说是这个“能够为普通语言学做出贡献的领域”中的一部分，这也是需要我们为之努力的方向。

参考文献

蔡维天，冯胜利. 2006. 说“们”的位置：从句法—韵律的界面谈起. 语言学论丛（第三十二辑）. 北京：商务印书馆.

陈　刚，沈家煊. 2012. 从“标记颠倒”看韵律和语法的象似关系. 外语教学与研究，（4）：483-495.

崔四行. 2012. 从 ABAB、AABB 重音模式的句法功能看汉语的韵律形态. 语言教学与研究，（5）：63-69.

冯胜利. 1996. 论汉语的“韵律词”. 中国社会科学，（1）：161-176.

冯胜利. 1997. 汉语的韵律、词法和句法. 北京：北京大学出版社.

冯胜利. 2007. 试论汉语韵律的形态功能. 第十五届国际中国语言学年会论文. 哥伦比亚大学，5 月 25 日—27 日.

冯胜利. 2009. 论汉语韵律的形态功能与句法演变的历史分期. 历史语言学研究（第二辑）. 北京：商务印书馆.

沈家煊. 2012.“名动词”的反思：问题和对策. 世界汉语教学，（1）：3-17.

王丽娟. 2009. 从名词、动词看现代汉语普通话双音节的形态功能. 北京语言大学博士学位论文.

王丽娟. 2013a. 现代汉语普通话动词名物化形态的韵律要求. 安徽理工大学学报（社会科学版），（4）：50-54.

王丽娟 . 2013b. 从“大批判”与“* 很大批判”的对立看单双音动词的句法功能 . 中国语学，（260）：40-53.

王丽娟 . 2014. 汉语两类 [N 的 V] 结构的韵律句法考察 . 世界汉语教学，（1）：70-77.

王丽娟 . 2015a. 汉语的韵律形态 . 北京：北京语言大学出版社 .

王丽娟 . 2015b. 论汉语准谓宾动词带宾结构中的韵律形态 . 汉语学习，（2）：34-40.

Booij, Geert. 2007. *The Grammar of Word: An Introduction to Linguistic Morphology* (2nd edition). Oxford: Oxford University Press.

Simpson, Andrew. 2014. Prosody and syntax. In Huang, Cheng-Teh James, Li, Yen-Hui Audrey, & Simpson, Andrew. *The Handbook of Chinese Linguistics.* Oxford: Willey Blackwell.

庄会彬

河南大学外国语言学及应用语言学研究所（Institute of Linguistics and Applied Linguistics, Henan University）

huibinzhuang@aliyun.com

材料与观点

本期“材料与观点”栏目提供一篇“把”字句中单、双（多）音节动词挂单的语法对立材料及其与 Stress-XP 的关系，包括：

（1）“把”字句中单音节动词不能挂单；

（2）“把”字句中双（多）音节 X’ 动词短语可以挂单；

（3）“把”字句中双（多）音节 X^0 动词也可以挂单；

（4）用 Stress-XP 分析“把”字句遇到困难是因为“把”字句的动词（在其他条件一样的情况下）只需满足韵律分支即可，不必非得句法分支。

“把”字句双音节动词挂单与 Stress-XP

马宝鹏

“把”字句单、双（多）音节挂单的语法对立现象（Feng，2001），可以分为五个类型：单音节动词、动补式 X^0 双音节（VR）动词、并列式 X^0 双音节动词、多音节 X^0 单纯动词以及状语修饰单音节 X^0 动词。兹分述如下。

第一类，“把”字句中单音节动词挂单不合法。

（1）a. 这种局面至今没改。

b. * 他们下定决心一定要把局面改。

（2）a. 你的文章怎么到现在还没发？

b. * 这篇文章已经改好了，你要尽快把它发。

（3）a. 他们昨天就占了阵地。

b. * 你们要想办法把阵地占。

（4）a. 你一分钟之内能拷几篇文章？

b. 你一分钟之内能拷贝几篇文章？

c. 你把文章拷贝之后再去打印。

d. * 你把文章拷之后再去打印。

单音节动词“改”“发”“占”等出现在其他句子中时完全没有问题，如（1）a、（2）a、（3）a 所示。而这些词一旦出现在“把”字句中，句子则不合法，如（1）b、（2）b、（3）b。音译词“拷”和“拷贝”的对立尤能说明情况，二者意义完全相同，都能在一般的句子里自由运用，如（4）a、（4）b，但一旦出现在“把”字句中，则呈现合法性对立。（4）中 a、b 说明“拷”和“拷贝”都能自由运用，c、d 说明二者在“把”字句中有合法性对立。上述诸例表明，“把”字句排斥单音节动词。

第二类，“把”字句中动补式 X^0 双音节动词挂单合法。

（5）a. * 他问这种局面改得变，还是改不变？

b. 他说他们有信心把情况改变。

（6）a. * 你觉得这个计划推得迟吗？

b. 他命令部下把计划推迟。

（7）a. * 这个工厂你们关得闭关不闭？

b. 无论如何我们也要把这个工厂关闭。

（5）a、（6）a、（7）a 表明，“改变”“推迟”等词中间无法插入“得”“不”等，是典型的 X^0 双音节（VR）动词。（5）b、（6）b、（7）b 表明，这类动词用于“把”字句中是合法的。

第三类，“把”字句中并列式 X^0 双音节动词挂单合法。

（8）a. 他们准备明年把投资目标转移到国外。

b. 他们准备明年把投资目标转到国外。

c. 他们准备明年把投资目标转移。

d. * 他们准备明年把投资目标转。

（9）a. 这篇文章，你修改之后才能把它发表。

b. * 这篇文章，你修改之后才能把它发。

（10）a. 咱们得努力争取把局面改变。

b. * 咱们得努力争取把局面改。

（11）a. 你一定要把越境的敌人消灭，才能保卫人民的安全。

b. * 你一定要把越境的敌人灭，才能保卫人民的安全。

（12）a. 我们要一步一步地把他们包围。

b. * 我们要一步一步地把他们围。

（13）你得先把情形调查，再把问题分析，然后才能把计划进行。[①]

如上述（8）～（12）诸例所示，“转”“发”“改”等单音动词虽然在一般的句子中可以自由运用，但不能出现在“把”字句中，而这些词加上同义的词（或语素）构成并列式 X^0 双音节动词，如“转移”“发表”“改变”“消灭”“包围”，出现在“把”字句中则没有问题。可见，X^0 的同义动词，因单双音节的不同造成“把”字句合法性的对立。

第四类，“把”字句中多音节 X^0 单纯动词挂单合法。

（14）a. 我就是不去，你能怎么样我？

b. 我就是不去，你能把我怎么样？

（14）a 中，“怎么样”可以带宾语，是一个多音节单纯动词；而（14）b 说明，多音节的 X^0 单纯动词出现在“把”字句中是完全没有问题的。

第五类，“把”字句中状语修饰单音节 X^0 动词。

（15）a. 他正在把小偷从车里往下拽。

b. * 你最好把书悄悄地出。

c. 你最好把书悄悄地出版。

（16）a. 他正在把船从水里往上拉。

b. ？？他正在从水里把船往上拉。

c. * 他正在从水里往上把船拉。

如（15）a、（15）b 所示，单音节动词出现在“把”字句中，其前有状语修饰时，会出现合法与非法共存的局面。另外，当状语成分一部分乃至全部从“把”后移至“把”前时，会出现句子可接受度降低，乃至不合法的情况，如 16（b）。

一般认为“把”字句动词不能挂单是语义的要求：“把”字句的动词要表达一种“有终结点的事件”（bounded event）（Liu，1997）。但也有研究引用 Stress-XP 理论对“把”字句进行分析，认为“把”字句后面的谓语必须要被分析为短语

① 引自 Chao（1968：182）。Chao（1968）指出，这些双音节动词之后加点动词就更自然了。这就意味着“把问题分析一下”与“把问题分析”的区别只是自然与更自然的区别，而不是合法与非法的问题。同样，本文举的这些动词，单音节一定不能说（不合法），而双音节有时显得不太自然，但这里的区别正如 Chao（1968）所说，是可接受度的问题，不是合法与非法的问题。例如，双音节动词用在从句里更加自然，但单音节动词无论是主句还是从句中都不合法。

（XP）。如此，则“把”字句的谓语动词必须短语分支。我们在进一步讨论这种分析之前，有必要先介绍一下该理论。

Stress-XP 理论是由 Truckenbrodt（1995，2006）提出的，其核心观点可以表述如下：

（17）a. 每一个 XP 都包含短语重音（P-stress）；

b. 最右边的短语重音被加强为最重的句重音。

如果将 Stress-XP 应用于“把”字句的分析，那么“把”字句谓语必须满足句法分支，才能被分析成一个 XP，获得短语重音，进而获得句末核心重音。如此，第一类中“把”字句排斥单音节的事实可以得到解释：

（18）

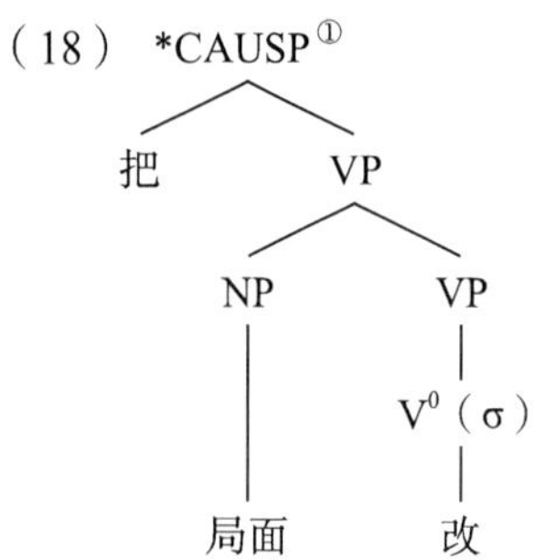

Stress-XP 要求“把”字句谓语必须句法分支，但上例中单音节的“改”无法满足句法分支，因而不能被分析为 XP，因此无法获得重音，故而句子不合法。如按这个思路分析，那么并列式 X^0 双音节动词也无法进入“把”字句，如（19）：

（19）

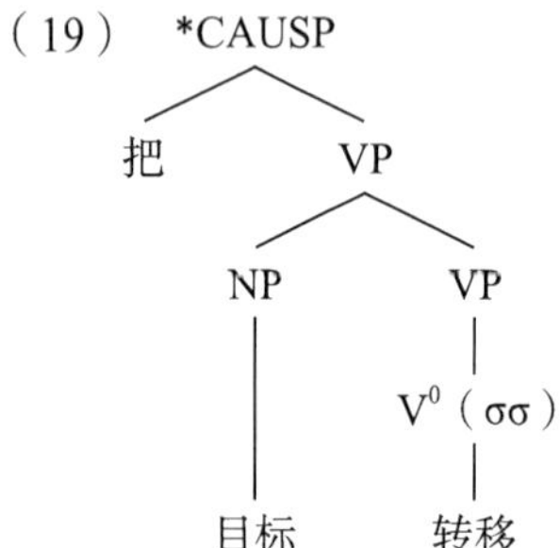

根据 Stress-XP，（19）也应当是非法结构，因为单音节动词与其相应的并列式 X^0 双音节在词库中属性相同，投射到句法结构上并无差别，因此都不能被分析为 XP。然而，语言事实却并非如此。如上述（8）～（13）诸例所示，单音节

① 关于“把”字句结构，请参照 Sybesma（1999：180）的分析，此处删略了无关的信息。

X^0 动词出现在"把"字句中时，句子不合法，而双音节 X^0 动词却完全可以，可见单双音节的对立界畔分明。不仅如此，如（5）～（7）所示，动补式 X^0 双音节动词也可以造出合法的"把"字句，即使该方案认为这类动补式动词应当重新分析成短语，也将面对"何以双音节动补式动词在其他句子中是词，而独在'把'字句中就一定是短语"的矛盾局面。

除此之外，按照 Stress-XP 的分析思路，当单音节动词前有状语修饰时，其也能被分析成一个 XP，如（20）：

（20）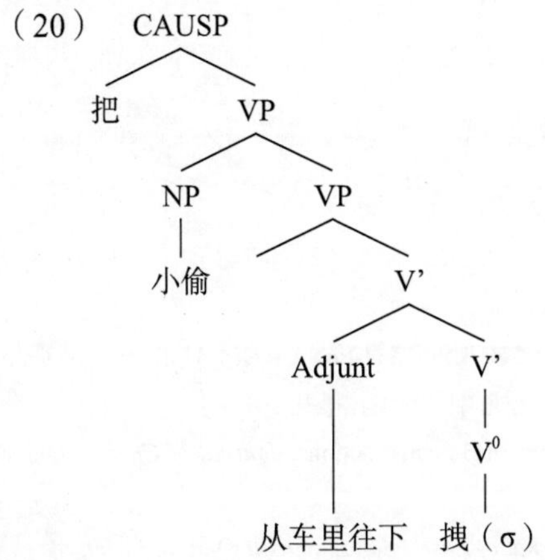

如此的话，那（15）b 中的"* 把书悄悄地出"也应当是合法的（比较"把书悄悄地出版"），因为同样满足了 XP。显然，这也不符合语言事实。进而言之，Stress-XP 也无法解释状语成分一部分从"把"后移至"把"前造成的可接受度降低的情况，如（16）b。同样，基于语义的要求（有界事件），我们也无法解释这里可接受度降低乃至非法的情况，因为状语无论出现在哪个位置，修饰的都是"把"字句谓语，都能为"把"字句谓语提供语义的"终结点"。

因此，Stress-XP 理论对"把"字句的预测是有问题的。[①] 语言事实表明，"把"

---

① Stress-XP 不仅在解释"把"字句时存在问题，在解释汉语的另外两类现象时也颇为无力。首先，Stress-XP 理论无法预测汉语致使结构中谓语动词只需韵律分支而不必句法分支的事实。同"把"字句类似，致使结构的句法构造为 $[_{CausP}$ NP1 $[_{CausP}$ Cause $[_{VP}$ NP_2 [VP V $[_{XP}$ NP_3 X]]]]]，其中轻动词 Cause 语音上可以实现为"使、令、让"等。按照 Stress-XP 的理论，致使结构的谓语动词没有自己的补足语（XP）时，必须要句法分支才能实现短语重音乃至句重音。然而，王迟（2017）的研究却表明，致使结构的动词只需要满足韵律分支即可，而不必要句法分支，如"* 敌人的猛烈炮火没有让战士们撤" VS "敌人的猛烈炮火没有让战士们撤退"（引自王迟，2017：103）。其次，Stress-XP 也无法解释 $[_{VP}$种植$[_{NP}$树木]] 与 *$[_{VP}$种植$[_{NP}$树]] 的对立（冯胜利，2013：185），因为二者同为"V+NP"的结构，NP 处于动词短语之内，完全有资格获得短语重音乃至句重音（当动词短语处于句末时），均符合 Stress-XP 的原则。然而，事实却是二者存在合法与非法的对立，这是该理论所不能预测的。

字句动词只要满足韵律上的双分支（至少是双音节），即使句法上不分支（X^0），也是合法的。

综上，语义要求（如谓语语义有界性等）和句法要求（短语分支）虽然制约着“把”字句，但并非是决定“把”字句合法与否的唯一条件。在此之外，韵律分支（prosodic branching）同样是“把”字句合法的一个必要条件。因为“把”字句的谓语动词要实现核心重音，它在韵律上必须分支，否则即使语义、句法都合法，也要被韵律删除。

参考文献

冯胜利 . 2013. 汉语韵律句法学 . 北京：商务印书馆 .

王　迟 . 2017. 韵律对汉语致使结构谓语动词的制约 . 韵律语法研究（第二辑第 1 期）. 北京：北京语言大学出版社 .

Chao, Yuen Ren. 1968. *A Grammar of Spoken Chinese*. Berkeley and Los Angeles: University of California Press. 中国话的文法 . 丁邦新，译 . 香港：香港中文大学出版社 .

Feng, Shengli. 2001. Prosodically constrained bare-verb in Ba constructions. *Journal of Chinese Linguistics,* 2:243-280.

Liu, Feng-Hsi. 1997. An aspectual analysis of Ba. *Journal of East Asian Linguistics* Vol. 6: 51-99.

Sybesma, R.P.E. 1999. *The Mandarin VP*, Springer-Science+Business Media: B.V.

Truckenbrodt, H. 1995. *Phonological Phrase: Their Relation to Syntax, Focus, and Prominence*. Ph.D. dissertation, MIT, Cambridge, MA.

Truckenbrodt, H. 2006. Phrasal stress. *The Encyclopedia of Languages and Linguistics*, Vol. 9 (2nd edition), ed. by Keith Brown, 572-579. Oxford: Elsevier.

Facts and Opinions

Dissyllabic Bare Verbs in Ba Constructions and Stress-XP

Ma Baopeng

Centre for Studies of Chinese as a Second Language, Beijing Language and Culture University / School of Foreign Studies, China University of Mining and Technology

Abstract: It is often observed that disyllabic bare verbs are allowed in Ba constructions, whereas monosyllabic bare verbs are banned in the same environment. Since both the monosyllabic verbs and dissyllabic verbs belong to the X^0 category, they are non-branching nodes in the Ba constructions when used in a bare form. Therefore, the analysis in the framework of Stress-XP proposing that the VP in Ba constructions must be syntactically branching will incorrectly exclude the Ba sentences with dissyllabic bare verbs which are actually well-formed. The linguistic facts show that the verbs in Ba constructions must be prosodically branching, and need not necessarily to be syntactically branching.

Keywords: Ba constructions; bare verbs; monosyllabic; disyllabic; Stress-XP

马宝鹏

北京语言大学对外汉语研究中心 / 中国矿业大学外文学院

mabaopeng1234@163.com

第四届韵律语法研究国际研讨会发言者与题目 *

The Fourth International Conference of Chinese Prosodic Grammar (ICCPG-4) Presenters and Titles

特邀发言人（Invited Speakers）

（1）端木三：节律音系学及韵律音系学之交叉

Duanmu San: The Overlap Between Metrical Phonology and Prosodic Phonology

（2）蔡维天，杨 洋：念力移转的韵律语法及实验研究

Tsai Wei-Tien Dylan & Yang Yang: Prosodic Grammar and Experimental Researches on Force Shift

（3）江 荻，郭承禹：从轻重到声调：三声调语言引起的变局

Jiang Di & Guo Chengyu: The Origin of Tonal System: A Change Caused by the Emergence of Three-tone Languages

（4）林燕慧：变韵中特征词缀的实现

Lin Yen-Hwei: Realizations of Featural Affixes in Rime Change

（5）陈曙东：依据音韵学的观点，词意匮乏且充实的“的”与“of”的惊喜再发现

Chen Shudong: In the Light of Prosody: Serendipitous Rendezvous with the Meaninglessly Meaningful “De” and “of”

（6）郑礼珊：特殊疑问句对句法—韵律映射的启示

Cheng Lisa Lai-Shen: What Wh-questions Tell Us about Syntax-Prosody Mapping

---

* 本届会议于 2017 年 6 月 3 日至 4 日在河南大学召开。本议程的整理者（译者）为河南大学外语学院的王蕾、香港中文大学的王迟。

（7）马秋武：弱层级假说与汉语普通话连读变调问题

Ma Qiuwu: Weak Hierarchical Hypothesis and Mandarin Tone Sandhi Questions

（8）赵敏俐：论《诗经》中虚词的音乐功能与诗体功能

Zhao Minli: On the Musical and Poetic Functions of Function Words in *The Book of Songs*

（9）冯胜利：韵律语法研究中的几个新进展

Feng Shengli: Some New Progress on the Researches of Prosodic Grammar

韵律语法青年学者奖候选人（Candidates for Young Scholar Award for Prosodic Grammar）

（1）郭懿仪：东汉佛经中新兴复合词的韵律构词初探

Guo Yiyi: A Preliminary Study on Prosodic Word Formation of Emerging Compound Words in Buddhist Sutra in Eastern Han Dynasty

（2）何美芳：汉语二语学习者对带宾动结式的韵律习得机制

He Meifang: On the Prosodic Acquisition Mechanism of CSL Learners on Verb-resultative Construction with Objects

（3）胡丛欢：东北方言形容词性四字格的韵律、构词和句法功能探究

Hu Conghuan: An Investigation of Prosodic, Morphologic and Syntactic Functions on Adjectival Four-character Structures in Northeast Dialects

（4）胡　丹：连动式与复句的边界调对比分析

Hu Dan: Features of Boundary Tones in Mandarin Serial-verb Construction and Compound Construction

（5）刘梦彬：基于语料库的现代汉语“按、按照”韵律语法和语体研究

Liu Mengbin: On Prosodic Grammar and Register—A Corpus-based Study of “An” and “Anzhao” in Modern Chinese

（6）唐文珊：韵律制约的被动句复指代词

Tong Manshan: Prosodically Constrained Resumptive Pronouns in Long Passives

（7）王辰玲：汉语双宾句式的韵律结构分析

Wang Chenling: The Prosodic Structure of Chinese Ditransitive Syntactic Structure

（8）谢郴伟：“把”字句的焦点在哪里——语调量化分析的证据

Xie Chenwei: Where Is the Focus of a Ba Construction—The Evidence of Quantitative Analysis of Intonation

（9）仝筱菲：句法结构“XX 者”的词汇化及其动因

Tong Xiaofei: On the Lexicalization and Motivation of the Syntactic Structure “XX Zhe”

（10）朱玉柱：试析河南武陟（大虹桥乡）方言的名词变韵

Zhu Yuzhu: Rime Change in Nouns in Wuzhi (Dahongqiao Village) Dialect of Henan

大会报告（Conference Presentations）

1. 韵律音系（Prosodic Phonology）

（1）王　珏：语气词声调类型与有关问题

Wang Jue: Tone Patterns of Modal Particles and Related Issues

（2）意西微萨·阿错：阿尔泰系语法流相关的韵律问题

Yeshes Vodgsal Atshogs: Prosodic Phenomena in the Tibeto-Altaic Grammatical Drift

（3）赵璞嵩：上古阴声韵的韵律属性

Zhao Pusong: The Prosodic Attributes of Open Rhyme in Old Chinese

（4）武　波，江　荻：二声调语言呈现的轻重韵律模式

Wu Bo & Jiang Di: The Prosodic Patterns Represented by Two-tone Languages

（5）孟凡丽，冯　卉：藏族学生的英语语调特点研究

Meng Fanli & Feng Hui: Acoustic Features of English Intonation by Tibetan EFL Learners

（6）李　桠，陈晓湘：时长与旋律：汉语方言的韵律模型

Li Ya & Chen Xiaoxiang: Timing and Melody: Rhythmic Patterns of Chinese Dialects

2. 韵律形态（Prosodic Morphology）

（1）王丽娟，冯胜利，王永娜：单双音节对应词的韵律语法对立

Wang Lijuan, Feng Shengli, & Wang Yongna: A Prosodic Gammatical Contrast in Monosyllabic and Disyllabic Corresponding Words

（2）祁　峰：[2+1] 形名组合为什么不是一种能产结构?

Qi Feng: Why “A+N” Is Not a Productive Construction in [2+1] Form?

（3）衣　莉，张文君：双音节形容词 AABB 式的重叠与褒贬

Yi Li & Zhang Wenjun: Reduplication and Review on AABB Disyllabic Adjectives

（4）索潇潇：单双音节对应名词的可数性分类

Suo Xiaoxiao: A Classification of Countability in Monosyllabic and Disyllabic Corresponding Nouns

（5）司联合：论韵律形态学

Si Lianhe: On Prosodic Morphology

3. 韵律构词（Word Formation Studies from Prosodic Perspectives）

（1）伍　巍：简论现代汉语“重音”与“断连”的语法、语义功能

Wu Wei: A Brief Review of Syntactic and Semantic Functions on “Stress” and “Disconnection” in Modern Chinese

（2）陈远秀：粤语三音节连词的韵律分析

Chan Yuen Sau: Prosodic Analysis of Cantonese Trisyllabic Conjunctions

（3）邓　盾：词根充实及其语法后果

Deng Dun: Root Enrichment and Its Grammatical Consequence

（4）程亚恒：三音节“宾 + 动 + 名”构词法的有关问题

Cheng Yaheng: Related Issues on Trisyllabic “O+V+N” Word Formation

（5）张又文：韵律构词学视角下的形容词与名词组配问题

Zhang Youwen: On the Issues of “A+N” Collocation from the Perspective of Prosodic Word Formation

（6）裴雨来：韵律构词与语素音节对应律

Pei Yulai: On the Mapping Between Prosodic Word Formation and Morphosyllable

4. 韵律句法（Prosodic Syntax）

（1）王伟超，施春宏：当代汉语三音节动词带宾语现象考察

Wang Weichao & Shi Chunhong: On the Investigation of Trisyllabic Verbs Taking Objects in Contemporary Chinese

（2）汪昌松：从韵律语法看名词短语的尺寸与合乎语法性之关联——以“V 什么 NP”为例

Wang Changsong: A Prosodic Grammar View on the Correlation Between the Size of NPs and Grammaticality—A Case Study of “V Shenme NP” in Chinese

（3）司富珍：汉语词形态差异及其句法意义的个案研究

Si Fuzhen: A Case Study on the Morphological Variation of Chinese Words and Their Syntactic Significance

（4）黄新骏蓉：从趋向到目的——“来 / 去”在连动结构中的位置与韵律表现

Huang Xinjunrong: From Direction to Goal—On the Position and Prosodic Representation of “Lai / Qu” in Serial Verbal Expressions

（5）马宝鹏：汉语动量短语语序问题初探——韵律语法的视角

Ma Baopeng: A Preliminary Study on the Issues of Word Order in Chinese Verbal Classifier Phrases—From the Perspective of Prosodic Grammar

（6）张德岁：节律和形态对谓词性成分做主宾语功能的制约

Zhang Desui: On the Constraints of Metrics and Morphology to the Functions of Predicative Components as Subjects and Objects

（7）刘 通，张晓青：汉语“数 + 量 + 名”结构的韵律及成分组合

Liu Tong & Zhang Xiaoqing: Prosody and Constituency of “Numeral + Classifier + Noun” Structures in Chinese

5. 历史 / 历时韵律构词（Historical/Diachronic Prosodic Word Formation）

（1）陈鑫海：上古汉语叠韵联绵词的声母组配类型

Chen Xinhai: On Initial Collocation Types of Binding Words in Old Chinese

（2）李 瑞：也论“嵌偶词”和“嵌偶化”

Li Rui: On MWAODT (Monosyllabic Words Appearing Only in Disyllabic Templates) and MWAODTization

（3）梁如娥：述评韵律在汉语语法化中的作用

Liang Ru’e: A Review on the Effect of Prosody in Chinese Grammaticalization

（4）胡为飞：双音化在反义量度复合词词汇化中的“整合”效应

Hu Weifei: On the “Integrated” Effect of Disyllabification in the Lexicalization of Antonymous Measurement Compound Words

（5）李永春：形式动词“予以”的来源及其词汇化

Li Yongchun: On the Origin and Its Lexicalization of the Dummy Verb “Yuyi”

6. 历史韵律句法（Historical Prosodic Syntax）

（1）李 果：上古汉语介词悬空的韵律条件

Li Guo: On Prosodic Conditions of Prepositions Stranding in Old Chinese

（2）苏 婧：上古汉语系词“为”的韵律功能初探

Su Jing: A Preliminary Study on Prosodic Functions of the Link Verb “Wei” in Old Chinese

（3）刘丽媛：近代汉语“得”字补语能性式的句法表现及韵律制约

Liu Liyuan: The Syntactic Representations and Prosodical Constrains on Possible Structure of “De” Complement Constructions in Pre-modern Chinese

（4）卢俊霖：虚指代词“他（它）”语法化的诱因与韵律环境

Lu Junlin: On the Inducement and Prosodic Environment of the Grammaticalization of the Empty-referential Pronoun “Ta”

（5）余俊宏，方　寅：论诗歌韵文中的挂单动词“把”字句

Yu Junhong & Fang Yin: On Ba Construction with Bare Verbs in Poetry

（6）李家春：汉语致使状态变化事件之词汇化模型的历时演变

Li Jiachun: On the Diachronic Changes of the Lexicalization Patterns of Events of Causative State Change in Chinese

7. 韵律实验（Prosodic Experiments）

（1）刘希瑞：克木语曼蚌索话四音格韵律的实验语音学研究

Liu Xirui: Experimental Studies on Prosody of Elaborate Expressions in Man Pung Soa Khmu

（2）齐婉廷，冯　卉：流水句韵律特征分析

Qi Wanting & Feng Hui: An Investigation of Prosodic Features in Run-on Sentences

（3）时秀娟：汉语普通话否定句语调的韵律结构

Shi Xiujuan: On Prosodic Structures of Intonation in Negative Sentences in Mandarin Chinese

（4）崔　哲：重音对反问句的引发和识别研究

Cui Zhe: Initiation and Identification Researches of Stress on Rhetorical Questions

（5）白　晨，刘思伽，江铭虎：汉语韵律与汉语句法标记关系的研究

Bai Chen, Liu Sijia, & Jiang Minghu: A Study on the Relation Between Chinese Prosody and Syntactic Signs

（6）于　秒：汉语自然句子阅读的基本加工单元——韵律词

Yu Miao: Prosodic Words—The Basic Processing Unit in the Reading of Chinese Natural Sentences

8. 韵律语体（Prosodic Register）

（1）刘基伟：汉语单双音节形名组合形式的分类考察分析

Liu Jiwei: An Investigation of the Classification of Monosyllabic and Disyllabic “A+N” Constructions

（2）袁　愫：《诗经》四言句重复式的韵律与语体

Yuan Su: On Prosody and Register of Repetition in Four-syllable Sentences in *The Book of Songs*

（3）马文津：两类“动+在”式句法词与“断裂度—时空性”的语体对应性

Ma Wenjin: On Register Correspondence Between the Two Types of Syntactic Words: “V+Zai” Constructions and Breaktivity-Spatiotemporality

（4）骆健飞：汉语“二字三体”现象及其语体分析

Luo Jianfei: Three Registers behind Two Characters: An Analysis of the Words’ Formation and Their Registers

（5）邱　莹：单双音节动词的句法组配及语体特征

Qiu Ying: On Syntactic Collocation and Register Features of Monosyllabic and Disyllabic Verbs

（6）方清明：“纪念X诞辰Y周年”构式的形成机制与规范化

Fang Qingming: On the Formation Mechanism and Normalization of the Construction “Jinian X Danchen Y Zhounian”

9. 韵律文学（Prosodic Literature）

（1）施向东：汉语中古音与近体诗韵律

Shi Xiangdong: On Middle Chinese and the Prosody in Modern Poetry

（2）刘学顺：苏轼词的特点之一：协音律而变韵律

Liu Xueshun: One of the Characteristics in Su Shi’s *Ci*: Rime Changes with Melody

（3）吴瑾玮：《圣经·杰里迈亚哀歌》官话译本之节奏类型分析

Wu Jinwei: An Analysis on the Poetic Metrics of the Lamentations of Jeremiah in Mandarin-Translated Bible

（4）贾学鸿：宋玉、荀子赋“兮”字内置句式的形态及功能

Jia Xuehong: On Morphology and Functions of “Xi” Built-in Construction in Song Yu’s and Xun Zi’s *Fu* Literature

（5）王抒凡：唐诗理论“兴”范畴群研究

Wang Shufan: Theories in Tang Poetry—On the Study of Categorical Group “Xing”

（6）张　莹：黄梅戏唱词中韵律与语法的互动

Zhang Ying: The Interaction Between Prosody and Syntax in Huangmei Opera

10. 韵律教学与习得（Language Teaching and Acquisition from Prosodic Perspectives）

（1）陈晓湘，张 涣，马俊周，杨雨箫：南方汉语儿童双音词的声调习得

Chen Xiaoxiang, Zhang Huan, Ma Junzhou, & Yang Yuxiao: Tone Acquisition of Disyllabic Words in Southern Mandarin Children

（2）高慧宜：浅议韵律句法学在国际汉语教学实践中的运用

Gao Huiyi: On the Application of Prosodic Syntax to the Practice of International Chinese Teaching

（3）张小玲，陈晓湘：普通话儿童前语言阶段与早期语言阶段音高之比较

Zhang Xiaoling & Chen Xiaoxiang: A Comparison of Mandarin-speaking Children's Pitch at the Pre-linguistic and Early Speech Stages

（4）周凤玲：韩国学生汉语口语韵律词的表征研究

Zhou Fengling: A Representation Research of Chinese Oral Prosodic Words for Korean Students

（5）李婷瑜，刘 艺，宁景虹：巴基斯坦、菲律宾小学生粤语陈述句、是非疑问句的语调分析

Li Tingyu, Liu Yi, & Ning Jinghong: Intonation Analysis of Cantonese Declarative Sentences and Yes-No Questions by Pakistani and Philippine Learners at Primary Schools

（6）张玲平：诵读在国际汉语教学中的运用

Zhang Lingping: On the Application of Reading in International Chinese Teaching

（7）王秋辰：汉语母语及二语学习者如何体现"$N_{受事}$+的+V"的韵律限制?

Wang Qiuchen: How Is "$N_{patient}$+De+V" Prosodic Constraint Represented in Native Speakers and L2 Learner's Chinese Grammars?

11. 韵律研究的新视角（New Perspectives on Prosodic Studies）

（1）文 旭：语用、韵律与英语口语教学

Wen Xu: Pragmatics, Prosody and Oral English Teaching

（2）程瑞兰：海外务工人员话语模式分析

Cheng Ruilan: An Analysis on Migrant Workers' Mode of Discourse

（3）周 荣:《诗经》音韵训练法对失语症音韵障碍康复状况的作用和影响

Zhou Rong: Functions and Influences on the Recovery of Aphasic of *The Book of Songs* Rhythm Training Method

（4）岳炎炎，陈玉东：互动视角下反问句的产生与反馈的韵律特征研究

Yue Yanyan & Chen Yudong: A Prosodic Feature Study on the Output and Feedback of Rhetorical Questions from the Perspective of Interaction

（5）杨望龙，史文磊，吕　敏：琼海话“去”的多功能性成分及其语音表现

Yang Wanglong, Shi Wenlei, & Lü Min: The Multi-functional Constituents and Its Phonological Representations on “Qu” in Qionghai Dialect

12. 海报会场（Poster Session）

（1）安丰存：汉语重叠结构的韵律制约及影响

An Fengcun: The Prosodic Constraints and Influences on Chinese Reduplication Structure

（2）陈　默：汉语作为第二语言的韵律教学研究

Chen Mo: A Prosody Teaching Study on Chinese as a Second Language

（3）褚智歆：从韵律句法学角度分析“可能 +M_6+VP”的结构

Chu Zhixin: An Analysis on “Keneng + M_σ+ VP” Construction from the Perspective of Prosodic Syntax

（4）杜　媛，张梦杰：试谈京剧中的四声变调

Du Yuan & Zhang Mengjie: On Tone Sandhi in Peking Opera

（5）黄劲伟：古汉语“名数名”结构的句法与韵律

Huang Jinwei: The Syntactic and Prosodic Features of the “N+Num+N” Construction in Classical Chinese

（6）姜兆梓：从“be”和“有”看生成语法中的 vP 和 v*P

Jiang Zhaozi: On vP and v*P in Generative Grammar Using “be” and “You” as Examples

（7）康军帅：当代汉语新词族的语用拓展及社会文化共变

Kang Junshuai: On Pragmatic Development and Socio-cultural Covariance of New Word Groups in Contemporary Chinese

（8）刘鸿雁：韵律对成语演变的作用探究

Liu Hongyan: An Exploration of Effect of Prosody on the Evolvement of Idioms

（9）穆雅丽，骆健飞：留学生汉语语体意识的考察与分析——以商务汉语的书面表达为例

Mu Yali & Luo Jianfei: An Investigation and Analysis of Chinese Stylistic Consciousness for Foreign Students — Taking Business Chinese Writing as an Example

（10）佟福奇：网络流行语的韵律操作机制：个案与共性

Tong Fuqi: On Prosodic Operation Mechanism of Network Catchwords—Case and Universality

（11）王　迟：语体—文体互动的韵律实现：现代汉语“单音节形容词重叠式 + 名词”格式的分布探究

Wang Chi: Prosodic Realization of Register-genre Interaction: The Distribution of “AA+N” in Mandarin Chinese

（12）王丽梅：ABAB 式四音格音节和谐律的对比——以彝语和布依语为例

Wang Limei: The Contrastive Study on Syllabic Harmony Rules of the ABAB-style Tetrasyllabic Words in Yi and Bouyei

（13）王晓伟：中国手语人称指代的音系结构

Wang Xiaowei: The Phonological Structure of Person Reference in Chinese Sign Language

（14）熊仲儒：包含量词重叠式的名词短语

Xiong Zhongru: On Noun Phrases of Classifier Reduplication

（15）徐　欣：基于语料库的“在 N 的 V 下”历时研究

Xu Xin: A Diachronic Corpus-based Study of “Zai N De V Xia” Construction

（16）杨海峰：从韵律句法角度看指代性副词“见”

Yang Haifeng: On the Referential Adverb “Jian” from the Perspective of Prosodic Syntax

（17）于秀金：跨语言（非）现实与时—体—情态的范畴关联及显赫性格局

Yu Xiujin: On Category Association and Mighty Pattern of Cross-linguistic (ir-) realis and Tense-Mood-Aspect

（18）张　超，梁如娥：汉语“NP1+Vi 了 +NP2”句式的语义及韵律分析

Zhang Chao & Liang Ru’e: A Semantic and Prosodic Analysis of Chinese “NP1+Vi Le +NP2” Construction

（19）庄会彬，马宝鹏，刘振前：界外——说汉语史上语法化的韵律动因

Zhuang Huibin, Ma Baopeng, & Liu Zhenqian: Extrametricalization — A Prosodic Perspective on Grammaticalization

（20）周彦每：词媒体：新字词生成的非范畴化逻辑诠释

Zhou Yanmei: Word Media: A Logical Interpretation of Decategorization on the Generation of New Words

13. 变音专场（Sound Change Session）

（1）陈卫恒："音系化"：变音暨历史语言学理论研究的前沿

Chen Weiheng: "Phonologicalization": Tone Change and the Frontier of Theoretical Studies in Historical Linguistics

（2）支建刚：官话方言 Z 变韵研究综论

Zhi Jiangang: Review on the Study of "Z" Rime Change in Mandarin Dialects

（3）张慧丽：动词变韵与事件结构的语法化

Zhang Huili: On the Grammaticalization of "D" Rime Change and Event Structure

（4）胡 伟：河南滑县方言的 Z 变音

Hu Wei: On "Z" Rime Change in the Dialect of Henan Hua County

（5）吴会芹：河北邯郸方言后接声母脱落现象考虑

Wu Huiqin: On the Drop of the Proclitic Initial Consonants in Handan Dialect of Hebei

（6）段亚广：登封方言的儿化闪音

Duan Yaguang: On the Rhotacization Flap in Dengfeng Dialect

（7）吴永焕：从韵律看汉语方言连调的层级和类型

Wu Yonghuan: On Sandhi Hierarchy and Types in Chinese Dialects— Seeing from Prosody

（8）辛永芬，李甜甜：巩义干沟村方言儿化变音中的逆同化语音表现

Xin Yongfen & Li Tiantian: The Phonological Representation of Regressive Assimilation in Rhotacization in the Dialect of Gongyi

（9）金 佳：澄海话"后字降调"现象探究

Jin Jia: An Exploration on the Falling Tone of the Latter Characters in Chenghai Dialect

（10）张雪平：河南舞阳方言非现实标记"咾"——兼论普通话"了$_2$"的功能

Zhang Xueping: The Irrealis Marker "Lao" in Wuyang Dialect of Henan: On the Functions of "Le$_2$" in Mandarin Chinese

（11）赵祎缺：明清河南韵书、韵图所反映汴洛地区古止开三日母字的演变

Zhao Yique: On the Evolvement of Ancient Rimu Characters in Bianluo Region Reflected from Henan Rhyme Books and Tables in Ming and Qing Dynasties

（12）陈鹏飞：分音词韵律特征的空间变异

Chen Pengfei: Spacial Variation of the Prosodic Features of Syllable-splitting Words

（13）冯文贺：儿化、轻声的音变性质

Feng Wenhe: On the Features of Rhotacization and Neutral Tone

（14）李学军：豫北内黄方言的“V^D+NP$_{受事}$+NP$_{方所}$”结构

Li Xuejun: On “V^D + $NP_{patient}$ + $NP_{location}$” Structure in Neihuang Dialect

（15）孟　雯，江　荻：太原话的轻重韵律与派生词产生的动因

Meng Wen & Jiang Di: The Prosodic Rhythm of Taiyuan Dialect and the Motivation of Derived Words

（16）宁　欣：清徐方言重叠两字组的前字轻声、轻音与轻读

Ning Xin: On the Neutral Tone in the First Character in Reduplicative Groups in Qingxu Dialect

（17）桑宇红：河北阳原话近指代词音变与语法功能关系研究

Sang Yuhong: A Study of Relation in Demonstrative Pronouns Between the Change of Tone and Its Grammatical Functions in Yangyuan Dialect of Hebei

（18）王自万：开封方言的 D 变韵

Wang Ziwan: On “D” Rime Change in Kaifeng Dialects

（19）夏俐萍：湘语的韵律轻重格与变调

Xia Liping: On Iambus and Sandhi in Xiang Dialects

（20）辛永芬：汉语方言子变音的分布及其流变考释

Xin Yongfen: An Exploration on the Distribution and Evolvement of “Z” Rime Change in Chinese Dialects

（21）翟占国：皖北中原官话“子尾四字格”的韵律构词分析

Zhai Zhanguo: An Analysis of Prosodic Word Formation in Four-character Patterns Ended with “Zi” in North Anhui Mandarin

（22）史艳锋：孟津方言的儿化——兼论卷舌型儿化对平舌型儿化的替代

Shi Yanfeng: The Rhotacization of Mengjin Dialect: On the Replacement of Rhotacization to Lateralization

图书在版编目（CIP）数据

韵律语法研究．第二辑．2017 年．第 2 期 / 冯胜利主编．-- 北京：北京语言大学出版社，2018.1
ISBN 978-7-5619-5159-0

Ⅰ.①韵… Ⅱ.①冯… Ⅲ.①汉语－韵律（语言）－研究－现代②汉语－语法－研究－现代 Ⅳ.① H116.4 ② H14

中国版本图书馆 CIP 数据核字（2018）第 003701 号

韵律语法研究·第二辑

YUNLÜ YUFA YANJIU · DI-ER JI

排版制作：北京创艺涵文化发展有限公司
责任印制：周 燚

出版发行：北京语言大学出版社
社 址：北京市海淀区学院路 15 号，100083
网 址：www.blcup.com
电子信箱：service@blcup.com
电 话：编辑部 8610-82300207
国内发行 8610-82303650/3591/3648
海外发行 8610-82303365/3080/3668
北语书店 8610-82303653
网购咨询 8610-82303908
印 刷：北京九州迅驰传媒文化有限公司

版 次：2018 年 1 月第 1 版 印 次：2018 年 1 月第 1 次印刷
开 本：787 毫米 × 1092 毫米 1/16 印 张：9.5
字 数：177 千字
定 价：45.00 元

PRINTED IN CHINA